장애영역별 특성에 맞춘

미술치료 열두 달 프로그램 IV

장애영역별 특성에 맞춘

미술치료 열두 달 프로그램 IV

최외선 · 김갑숙 · 서소희 · 류미련 · 강수현 · 조효주 · 박금채 공저

학지사

머리말

왜 장애영역별 특성에 맞춘 미술치료인가

미술치료를 의뢰받게 되면 우리는 어떤 프로그램으로 아동과 첫 만남을 시작할지, 앞으로 어떤 치료를 해 나갈지 고민하게 된다.

다양한 이유로 미술치료를 받는 아이들을 만날 때마다 마치 여행을 준비하며 짐을 챙기고 낯선 세상에 대한 정보를 수집하여 떠나는 여행자의 마음과 같아진다.

여행지에 따라 준비해야 할 것들, 알고 출발해야 할 것들이 다르듯이 각각의 아이들마다 저마다 가지고 있는 어려움이 다르기에 그 특성에 맞춰 미술치료를 준비하는 일은 반드시 필요하다.

워크북은 어떻게 만들어지게 되었나

미술치료 현장에서는 특성과 정도의 차이는 있지만 장애로 겪게 되는 어려움을 극복하거나 개선하기 위해 찾아오는 아이들과 만나게 된다. 치료실의 매체 바구니를 모두 꺼내 보고 궁금증이 해결되어야만 자리에 앉을 수 있는 아이, "잠시만요."를 외치며 자

5

신이 하고 싶은 것만 하며 시간을 끄는 아이, 쉴 새 없이 눈을 깜빡거리고 알 수 없는 소리를 내는 아이들을 치료실에서 만날 수 있다. 이러한 아이들과 함께 떠난 미술치료 여행에서 경험한 이야기와 어려움을 마치 리뷰를 적는 마음으로 이 책을 읽는 독자들과 나누고자 한다.

4권은 어떻게 구성이 되었는가

4권은 주의력결핍 과잉행동장애, 틱장애, 학습장애, 의사소통장애로 구성되어 있다. 이 네 가지 장애들은 서로 공병률을 보이는 질환으로 복합적인 양상을 보인다. 가령 주의력결핍 과잉행동장애이면서 틱장애를 가지고 있거나, 학습장애이면서 의사소통장애를 동반하는 경우다.

4권에서 다룰 장애들의 높은 공병률과 함께 아동들이 느끼는 심리적인 위축감과 낮은 자존감은 장애를 악화시키는 공통요인으로 작용한다. 그래서 심리적 거부감이 적은 미술을 매개로 한 미술치료는 아동들에게 좋은 치료적 효과를 줄 수 있다.

이 책에서는 3권과 마찬가지로 하나의 장애영역을 3개월로 나누어 4개 장애영역을 소개한다. '주의력결핍 과잉행동장애와 만나는 1월, 2월, 3월' '틱장애와 만나는 4월, 5월, 6월' '학습장애와 만나는 7월, 8월, 9월' '의사소통장애와 만나는 10월, 11월, 12월'의 열두 달로 구성된다. 장애영역은 각 주제에 따라 살펴볼 수 있도록 배치하였다.

각 장애영역은 '알고 가기' '짚고 가기' '함께 가기' 로 구성되어 있다.

'알고 가기' 에는 장애아동을 만날 때 알아야 할 장애의 정의와 주요 특성에 대한 내용을 담았다. '짚고 가기' 에는 임상 현장의 목소리를 담았다. 장애아동을 만나며 쌓아온 미술치료사의 경험과 노하우를 이야기하는 형식으로, 장애아동을 만날 때 꼭 짚어보아야 하는 내용들을 담고 있다. '함께 가기' 에는 장애아동과 만나서 함께할 수 있는 미술치료 기법을 담았다. 장애영역별로, 치료적으로 중요한 4가지 주제를 선정하여 각 주제에 따라 점진적이고 순차적으로 접근할 수 있도록 1단계, 2단계, 3단계의 단계별로 기법을 소개한다. 단계는 매체를 변화시키거나 기능 수준이 높은 단계로의 변화에 맞추어 내용을 구성하고 있다.

어떤 내용들이 있는가

4권에서는 기존의 미술치료 기법을 따르되 장애영역의 특성에 맞춰 아이들이 흥미를 느낄 수 있도록 구성하였다. 과일 카빙(Carving), 식재료를 이용한 활동, 바느질 활동, 북아트, 호흡 훈련 등 다양한 분야와의 접목을 시도하였다. 4권에서 다루는 장애영역의 아동들은 자신의 생각을 표현할 줄 알고 작품 활동이 가능한 아동들로서 다양한 미술활동을 통해 흥미유발과 작업과정에 대한 몰입을 높여 스스로 자신의 문제를 탐색하고 해결해 나갈 수 있도록 돕기 위해서다.

어떻게 시작해야 할까

주의력결핍 과잉행동장애, 틱장애, 학습장애, 의사소통장애의 아동들을 만날 때 각각의 장애영역별 특성도 중요하지만 학교에서, 가정에서 겪고 있는 다양한 어려움 또한 예측하고 감안하여 미술치료 프로그램을 계획하여야 보다 현실적인 치료 방법을 제시할 수 있다. 이 책이 아이와 만나는 독자에게 도움이 되고 꼭 필요한 정보를 제시하는 좋은 여행안내서와 같은 역할을 하길 바란다.

어떻게 사용할까

이 책에서는 하나의 주제를 3개의 단계로 나누고 있지만 아동에 따라서는 더 많은 세부 단계로 나누어 반복적이고 점진적인 접근이 필요한 경우도 있다. 그리고 동일한 활동방법에 다양한 미술매체로 대체하여 구성할 수도 있다. 이 책을 읽는 독자들이 아이디어를 보태어 각자가 만나는 아동에게 맞는 단계와 방법을 찾아 나가기를 바란다.

이 기법들은 장애영역별 특성에 맞추어 고안한 내용이지만 주제, 목표, 매체 등을 고려하여 다른 장애영역의 아동이나 비장애아동, 청소년이나 성인을 대상으로 적용할 수 있다. 또한 개별미술치료뿐 아니라 집단미술치료로도 적용할 수 있다.

끝으로
감사의 마음을 전하며

'미술치료 열두 달'이라는 여행의 동반자가 되어 준 각기 다른 재능과 다른 성향을 가진 선생님들과 함께 감사의 인사를 나누고 싶다.

이 책의 출판을 승낙해 주신 학지사 김진환 사장님, 교정과 편집을 위해 수고해 주신 황미나 선생님께 감사 드린다.

주의력결핍 과잉행동장애

틱장애

틱장애와 만나는 4월, 5월, 6월

학습장애

학습장애와 만나는 7월, 8월, 9월

의사소통장애

의사소통장애와 만나는 10월, 11월, 12월

주의력결핍 과잉행동장애

주의력결핍 과잉행동장애와 만나는 1월, 2월, 3월

알고 가기

짚고 가기

함께 가기

▋알고 가기

1. 주의력결핍 과잉행동장애(Attention-Deficit/Hyperactivity Disorder: ADHD) 정의

주의력결핍 과잉행동장애는 매우 산만하고 부주의한 행동을 나타낼 뿐만 아니라 자신의 행동을 적절히 통제하지 못하고 충동적인 과잉행동을 나타내는 경우를 말한다. 이 장애를 지닌 아동은 같은 또래의 아동에 비하여 현저하게 부산한 행동을 보이며 안절부절못하고 충동적인 행동을 나타내기 때문에 가정이나 학교생활에 커다란 어려움을 겪게 된다(권석만, 2014).

주의력결핍 과잉행동장애의 핵심 증상은 부주의와 과잉행동-충동성이다. 부주의와 과잉행동-충동성 중 한 가지 이상의 증상이 발달수준에 맞지 않게 6개월 이상 나타나서 사회적·학업적·직업적 활동에 직접적으로 부정적인 영향을 미칠 경우에 진단된다.

1) 주의력결핍 과잉행동장애 진단기준(DSM-5)

주의력결핍 과잉행동장애 Attention-Deficit/Hyperactivity Disorder, ADHD
진단기준
A. 기능 또는 발달을 저해하는 지속적인 부주의 및 과잉행동-충동성이 (1) 그리고/또는 (2)의 특징을 갖는다. 　1. **부주의**: 다음 9개 증상 가운데 6개 이상이 적어도 6개월 동안 발달 수준에 적합하지 않고 사회적·학업적/직업적 활동에 직접적으로 부정적인 영향을 미칠 정도로 지속됨 　　**주의점**: 이러한 증상은 단지 반항적 행동, 적대감 또는 과제나 지시 이해의 실패로 인한 양상

이 아니어야 한다. 후기 청소년이나 성인(17세 이상)의 경우에는 적어도 5가지의 증상을 만족해야 한다.

    a. 종종 세부적인 면에 대해 면밀한 주의를 기울이지 못하거나, 학업, 직업 또는 다른 활동에서 부주의한 실수를 저지름(예, 세부적인 것을 못 보고 넘어가거나 놓침, 작업이 부정확함)

    b. 종종 과제를 하거나 놀이를 할 때 지속적으로 주의집중을 할 수 없음(예, 강의, 대화 또는 긴 글을 읽을 때 계속해서 집중하기가 어려움)

    c. 종종 다른 사람이 직접 말을 할 때 경청하지 않는 것처럼 보임(예, 명백하게 주의집중을 방해하는 것이 없는데도 마음이 다른 곳에 있는 것처럼 보임)

    d. 종종 지시를 완수하지 못하고, 학업, 잡일 또는 작업장에서의 임무를 수행하지 못함(예, 과제를 시작하지만 빨리 주의를 잃고 쉽게 곁길로 샘)

    e. 종종 과제와 활동을 체계화하는 데 어려움이 있음(예, 순차적인 과제를 처리하는 데 어려움, 물건이나 소지품을 정리하는 데 어려움, 지저분하고 체계적이지 못한 작업, 시간 관리를 잘 하지 못함, 마감 시간을 맞추지 못함)

    f. 종종 지속적인 정신적 노력을 요구하는 과제에 참여하기를 기피하고, 싫어하거나 저항함(예, 학업 또는 숙제, 후기 청소년이나 성인의 경우에는 보고서 준비하기, 서류 작성하기, 긴 서류 검토하기)

    g. 과제나 활동에 꼭 필요한 물건들(예, 학습 과제, 연필, 책, 도구, 지갑, 열쇠, 서류 작업, 안경, 휴대폰)을 자주 잃어버림

    h. 종종 외부 자극(후기 청소년과 성인의 경우에는 관련이 없는 생각들이 포함될 수 있음)에 의해 쉽게 산만해짐

    i. 종종 일상적인 활동을 잊어버림(예, 잡일하기, 심부름하기, 후기 청소년과 성인의 경우에는 전화 회답하기, 청구서 지불하기, 약속 지키기)

2. **과잉행동-충동성**: 다음 9개 증상 가운데 6개 이상이 적어도 6개월 동안 발달 수준에 적합하지 않고 사회적, 학업적/직업적 활동에 직접적으로 부정적인 영향을 미칠 정도로 지속됨

    주의점: 이러한 증상은 단지 반항적 행동, 적대감 또는 과제나 지시 이해의 실패로 인한 양상이 아니어야 한다. 후기 청소년이나 성인(17세 이상)의 경우, 적어도 5가지의 증상을 만족해야 한다.

    a. 종종 손발을 만지작거리며 가만두지 못하거나 의자에 앉아서도 몸을 꿈틀거림

b. 종종 앉아 있도록 요구되는 교실이나 다른 상황에서 자리를 떠남(예, 교실이나 사무실 또는 다른 업무 현장, 또는 자리를 지키는 게 요구되는 상황에서 자리를 이탈)

c. 종종 부적절하게 지나치게 뛰어다니거나 기어오름(주의점: 청소년 또는 성인에서는 주관적으로 좌불안석을 경험하는 것에 국한될 수 있다.)

d. 종종 조용히 여가 활동에 참여하거나 놀지 못함

e. 종종 "끊임없이 활동하거나" 마치 "태엽 풀린 자동차처럼" 행동함(예, 음식점이나 회의실에 장시간 동안 가만히 있을 수 없거나 불편해함. 다른 사람에게 가만히 있지 못하는 것처럼 보이거나 가만히 있기가 어려워 보일 수 있음)

f. 종종 지나치게 수다스럽게 말함

g. 종종 질문이 끝나기 전에 성급하게 대답함(예, 다른 사람의 말을 가로챔, 대화 시 자신의 차례를 기다리지 못함)

h. 종종 자신의 차례를 기다리지 못함(예, 줄 서 있는 동안)

i. 종종 다른 사람의 활동을 방해하거나 침해함(예, 대화나 게임, 활동에 참견함, 다른 사람에게 묻거나 허락을 받지 않고 다른 사람의 물건을 사용하기도 함, 청소년이나 성인의 경우 다른 사람이 하는 일을 침해하거나 꿰찰 수 있음)

B. 몇 가지의 부주의 또는 과잉행동-충동성 증상이 12세 이전에 나타난다.

C. 몇 가지의 부주의 또는 과잉행동-충동성 증상이 2가지 또는 그 이상의 환경에서 존재한다(예, 가정, 학교나 직장, 친구들 또는 친척들과의 관계, 다른 활동에서).

D. 증상이 사회적·학업적 또는 직업적 기능의 질을 방해하거나 감소시킨다는 명확한 증거가 있다.

E. 증상이 조현병 또는 기타 정신병적 장애의 경과 중에만 발생되지는 않으며, 다른 정신질환(예, 기분장애, 불안장애, 해리장애, 성격장애, 물질 중독 또는 금단)으로 더 잘 설명되지 않는다.

다음 중 하나를 명시할 것:

314.01(F90.2) 복합형: 지난 6개월 동안 진단기준 A1(부주의)과 진단기준 A2(과잉행동-충동성)를 모두 충족한다.

314.00(F90.0) 주의력결핍 우세형: 지난 6개월 동안 진단기준 A1(부주의)은 충족하지만 A2(과잉행동-충동성)는 충족하지 않는다.

314.01(F90.1) 과잉행동/충동 우세형: 지난 6개월 동안 진단기준 A2(과잉행동-충동성)는 충족하지만 A1(부주의)은 충족하지 않는다.

다음의 경우 명시할 것:

부분 관해 상태: 과거에 완전한 진단기준을 충족하였고, 지난 6개월 동안에는 완전한 진단기준을 충족하지는 않지만 여전히 증상이 사회적, 학업적 또는 직업적 기능에 손상을 일으키는 상태다.

현재의 심각도를 명시할 것:

경도: 현재 진단을 충족하는 수준을 초과하는 증상은 거의 없으며, 증상으로 인한 사회적, 학업적, 또는 직업적 기능의 손상은 경미한 수준을 넘지 않는다.

중등도: 증상 또는 기능적 손상이 '경도'와 '고도' 사이에 있다.

고도: 진단을 충족하는 수준을 초과하는 다양한 증상 또는 특히 심각한 몇 가지 증상이 있다. 혹은 증상이 사회적 또는 직업적 기능에 뚜렷한 손상을 야기한다.

2. 주의력결핍 과잉행동장애 특성

1) 주의력결핍

'주의'는 다른 것은 배제하고 한 가지 것에만 선택적으로 집중하는 것을 의미한다. 주의력결핍 과잉행동장애(이하 ADHD라 칭함) 아동은 무시해야 하는 자극에 영향을 받아 주의가 산만해진다. ADHD 아동은 특히 과제에 대한 지속적 주의력 혹은 각성도에 결함이 있음을 보고하는데, 재미없고 반복적인 과제에서 특히 두드러지게 문제를 보인다.

학령전기에는 구조화된 상황이나 학습보다는 놀이 위주의 신체활동과 주변이나 상황에 대한 탐색이 주된 활동이여서 주의력이 떨어져도 별나거나 산만한 정도로만 여기게 된다. 주의력이 떨어지고 산만함을 보이는 아동도 항상 주의가 산만해지는 모습을 보이는 것이 아니며, 아동이 좋아하는 특별한 활동에 대해서는 오랫동안 관심을 유지하기 때문에 주의력결핍 과잉행동장애라고 의심을 하지 않을 수도 있다. 그러나 학령기가 되면 다음과 같은 다양한 주의집중 문제가 더 두드러진다. 주의력결핍 문제는 특히 학업부진과 2차적인 동기저하를 유발할 수 있다.

(1) 지속적 주의

지속적 주의는 한 가지 과제에 끝까지 집중하는 것을 의미한다. ADHD 아동이 가장 어려워하는 것은 지속성이 부족하여 한 가지 과제를 끝까지 해내는 것이다. 지속적 주의가 낮은 경우는 오랜 반복 훈련이나 연습과 같은 흥미가 낮고 동기부여가 되지 않는 과제를 수행할 때 어려움을 나타낸다.

(2) 전환적 주의

전환적 주의는 서로 다른 인지적 활동이 필요하거나 개인에게 서로 다른 요구를 하는 과제가 한꺼번에 주어졌을 때 과제 간의 주의를 이동하는 능력을 의미한다. 전환적 주의가 낮은 경우는 한 가지 활동 시간에 듣기 기술, 글쓰기 기술, 말하기 기술을 한꺼번에 발휘해야 할 때 각 활동에 주의를 이동하지 못해 주어진 과제를 하는 데 어려움을 겪는다.

(3) 집중적 주의

집중적 주의는 과제의 중요한 측면에 집중하여 반응할 수 있는 능력과 특정한 상황에 반응할 수 있는 여러 가지 선택지 중 하나를 선택하여 적절하게 적용할 수 있는 능력을 말한다. 집중적 주의가 낮은 경우는 중요한 부분 또는 상황에 집중을 하지 못하고 그이외의 부분에 반응하여 과제 수행에서 어려움을 나타낸다.

(4) 선택적 주의

선택적 주의는 부주의의 가장 뚜렷한 형태 중 하나로, 초점을 유지하여 산만하게 될 가능성을 차단하는 능력을 말한다. 선택적 주의가 낮은 경우에는 주어진 활동을 해야 하는 시간에 다른 특정 사건을 보거나 가만히 앉아 과제 수행을 하지 못한다.

2) 과잉행동

과잉행동은 끊임없이 움직이고 가만히 앉아 있지 못하며 마치 모터가 달린 것처럼 움직이는 것을 말하고, 동작이나 목소리에서 나타나는 과도하거나 발달적으로 부적절한 수준의 행동을 의미한다. 아동기가 되면 학교라는 구조화된 상황의 수업시간이나 활동시간에 가만히 있지 못하고 이야기를 하며, 불필요하게 많은 움직임을 보이므로 과잉행동 문제가 더 심각한 것처럼 보인다. 과잉행동은 다양한 방식으로 나타나는데, 하루 종일 또래 아동보다 눈에 띄게 활발하고 가만히 있지 못하여 교실을 돌아다니기, 활동과 관계없는 물건을 갖고 놀기, 다른 아동에게 말을 걸고 장난하기, 쓸데없는 소리 내기 등의 행동을 자주 한다. 그리고 자신이 원하는 것에 과한 집착을 하게 되어 화를 내거나 타인을 공격하여 문제를 일으키기도 한다. 그러나 모든 ADHD 아동이 과잉행동을 나타내는 것은 아니며 일반 아동과 같은 수준의 활동을 보이거나 비활동적인 아동들도 있다.

3) 충동성

충동성은 충동에 끌려 마음이 흔들리는 것을 의미한다. 충동성을 지닌 아동들은 통제를 요구하는 상황에서 과도하게 활동을 계속하거나 무질서한 모습을 보인다. ADHD 아동은 종종 한 가지 말이 끝나자마자 성급하게 반응하고 행동한다. 이 증상과 관련 있는 억제력과 통제력의 부족은 ADHD 아동이 보이는 집중력 부족 문제를 가져오기도 한다. 경우에 따라서는 부정적이거나, 파괴적이거나, 위험한 결과를 초래할 수도 있고, 자주 불필요한 위험 행동을 하기도 한다. 그래서 많이 다치고, 물건을 잘 망가뜨리며, 게임에서 차례를 기다리는 것을 어려워하는 등의 문제를 일으킨다. 이러한 행동은 특히 남아에게서 나타나는데 충동적인 모습으로 인해 또래 아이들에게 부정적으로 평가를 받기 쉽다.

4) 기타 특성

(1) 인지

ADHD 아동은 정상 아동이나 자기 형제보다 지적 발달이 지체되는 것으로 알려져 있으며, 표준화된 지능검사에서 대조군에 비해 평균 7~15점 낮다고 보고되는데, 이것은 실제 지능 차이인지 주의산만으로 인한 수행결과 차이인지 확실하지 않다(안동현, 김붕년, 2005). 또한 그것은 주의집중의 어려움으로 인한 학습곤란 때문일 수도 있다.

실행기능은 계획 수립, 심리적 유연성, 주의력 분배, 작업기억, 반응억제력의 통제 등과 같은 다양한 인지활동을 포함한다. 실행기능의 손상은 기억, 언어, 주의집중, 자기조절, 계획 및 조직 능력 등의 결함을 초래한다. ADHD 아동은 자기조절, 전략적 계획, 인지적 유연성, 목표지향 행동에 어려움을 갖고 최선의 문제해결을 위해 어떤 전략을 언제, 어디서, 어떻게 적용할 것인지를 알고 적용하는 기능에 제한이 있다. 실행기능을 구성하는 하위요소 중 특히 언어 작업기억력 등에서 결함이 있는데, 억제능력 부족으로 나타나는 ADHD 주요 증상인 충동성과 과잉행동은 목표지향적 행동을 방해하므로 작업기억에 의존하여 과제의 목표를 지속적으로 떠올리거나 과제 수행 과정에서 자기점검을 적절히 하지 못하는 문제를 겪게 된다.

(2) 학습

ADHD 아동이 학습장애를 동반하는 정도는 10% 정도에서 50% 내외, 90% 이상에 이르기까지 그 비율이 매우 다양하다(홍강의 외, 2005). ADHD 증상은 학령기 학생들이 정상적인 학업수행을 할 수 없게 하는 요인으로 작용하며, 특히 과제 수행에서 실행기능과 관련한 다양한 결함을 보인다. ADHD 아동은 지능수준에 비해서 학업성취도가 저조하고, 일관되지 않은 수행 정도를 보인다. 그리고 과제에 집중하지 못하여 학업수행의 결과가 저조하고, 그 결과로 인해 낮은 자존감을 보이기도 한다.

(3) 사회성

ADHD로 어려움을 겪는 아동은 다른 아이들과의 사회적 상호 교류 시 공유하기, 주고받기, 협동하기 등의 특성을 보이지 않는다. 대신에 그들은 또래들과 상호 교류할 때 규칙을 잘 지키지 않고 종종 훼방을 놓거나 강압적으로 방해하고, 충동적이고 공격적이며 감정적이다. 또 으스대기도 하고 비협조적이며 책임감이 부족하다. 이러한 행동은 또래와의 놀이 활동 또는 수업시간 등 구조화된 상황에서 두드러지게 나타난다,

(4) 정서

다른 사람들의 부정적인 평가와 스트레스로 인하여 내적으로 우울을 가지고 있고, 낮은 자존감과 불안을 보인다. 그리고 ADHD 증상과 ADHD라는 낙인으로 인하여 불안을 느낄 수 있는데 또래관계, 학업, 일상과제에 긴장하여 학업적 · 심리사회적으로 불안을 가지고 기타 문제를 유발한다. 가정과 학교에서 크고 작은 말썽과 사고를 자주 일으키기 때문에 부모나 교사로부터 꾸중과 처벌을 받기 쉽다. 따라서 부정적 자아개념을 형성하고 정서적으로 불안하며 공격적이고 반항적인 행동을 나타내는 경향이 있는데, ADHD를 지닌 아동의 40~50%가 나중에는 품행장애의 진단을 받는다.

반항성 장애(Oppositional defiant disorder: ODD)는 ADHD와 가장 일반적으로 나타나는 동반장애로, 부모나 교사 등 권위적인 인물에게 반항적이고 적대적이며, 비순응적인 행동 패턴을 6개월 이상 일관적으로 지속하는 특성을 보이고, 사회적 · 학업적 · 직업적 상호작용에 심각한 손상을 유발한다. 다양한 연구에서 ADHD 아동은 ADHD를 가지지 않은 아동보다 반항성 장애를 가질 확률이 10배가 넘고(송현종, 양승갑, 2014), ADHD 아동 중 25~65% 정도가 적대적 반항장애와 공격적 성향을 가지고 있음을 나타냈다(이영나, 우주영, 2008).

품행장애(Conduct disorder: CD)는 타인의 기본 권리를 침해하거나, 나이에 맞는 사회규범을 위반하는 행동 패턴을 지속하는 것으로 정의할 수 있다. ADHD와 품행장애의 동반성에 대한 추정치는 아동의 15~56%, 청소년의 44~50%에 이르는 정도로 그 범위가 매

우 넓다(송현종, 양승갑, 2014). 그리고 반항성 적대장애와 많은 공통점을 지니고 있는 것처럼 보이지만, 파괴적인 행동이 덜 심각한 반항성 적대장애가 품행장애로 발전하기도 한다.

▌짚고 가기

ADHD 아동은 학급당 적게는 1~2명, 많으면 3~4명 정도로 흔하게 볼 수 있다. 그리고 일반적으로 아동기에 ADHD를 보인 아동들 중 반 정도가 성인기에도 ADHD 증상을 나타낸다. 우리 주변에는 이러한 'ADHD'라는 용어를 정확히 알고 있는 사람도 있지만, 그 의미나 증상을 잘 알지 못하고 사용하는 사람들이 많다. ADHD 아동의 각 증상과 수준에 맞는 지원을 제공하기 위해서는 먼저 ADHD란 무엇인지 정확히 알아야 하고, 주요 증상, 진단방법, 위험요인 등에 대해 알아야 한다. 그리고 약물치료, 행동치료, 부모교육, 학교·학급 차원에서의 지원방안 등 치료전략과 학업적 문제, 심리사회적 문제 등 기타 문제에 대해서도 알 필요가 있다. 또한 기질적으로 까다로운 유형의 아동이 있지만, 심리사회적인 문제를 복합적으로 가지고 있는 아동에게는 아동의 결핍된 욕구를 알아보고 심리치료를 병행해야 한다.

치료현장에서 주의집중과 충동성에 문제가 있는 아동은 지루한 활동을 싫어하고, 계속하여 움직이며, 모든 사람과 대화를 하고 싶어 한다. 그러므로 훈련을 위주로 하는 활동보다 흥미를 유발하여 스스로 주의집중하고 좌절감을 느끼지 않도록 아동에게 효과적인 전략을 사용해야 한다. ADHD 아동이 가지는 특징적인 어려움이 있지만 학업, 일상생활, 또래관계 등 모든 면에서 제한이 있는 것은 아니므로 치료사는 아동의 강점을 살려 아동 스스로 주의집중을 위한 전략을 갖도록 도와주는 것이 필요하다. 산만하고 충동적이며 과잉행동을 하는 등 아동의 부정적 특성에 대해 지나치게 초점을 맞출 경우 장점과 긍정적 능력을 키울 수 없기 때문이다. 그리고 ADHD 아동은 자신의 강점에 대해 제대로 알지 못하고, 주변에서의 낙인효과로 인해 낮은 자존감을 보이며, 타인의 관심을 끌기 위해 반항행동을 하기도 하므로 긍정적인 자기탐색의 기회를 제공하여 자신을 긍정적으로 바라보게 하고 자신의 가치를 향상시키며 미래를 설계할 수 있도록 해야 한다.

이러한 ADHD 아동의 다양한 특성들은 단기적인 치료나 교육으로 중재가 가능한 것은 아니다. 아동의 흥미를 유발하여 지속적이고 적합한 중재를 할 수 있어야 한다. 이러한 중재에서 미술치료를 사용하는 것은 매우 효과적이다. 주의력이 떨어지고 충동적이며 과잉행동을 하는 아동에게는 다양한 매체를 통하여 심리적 이완, 적절한 감정 표출, 주의집중 향상 등을 위한 미술치료 작업을 할 수 있다. 이러한 작업에는 결손된 실행기능, 그중에서도 작업기억을 향상하기 위해서 계획과 전략을 세우고 목표를 설정하는 활동이 포함되어 ADHD 아동에게 도움이 된다.

ADHD 아동 중에는 게임을 하거나 TV를 보는 등 혼자 있는 상황에서는 자신 스스로 조절 가능하나 학업 시 소음이 있거나 대화 중 누군가가 끼어드는 방해 자극이 있는 경우에는 조절과 통제에 어려움이 있는 아동을 볼 수 있다. 이런 경우에는 다양한 자극에 대해 적절히 전환하거나 반응할 수 있도록 돕고, 화자에 집중하여 대화를 유지하며 또래관계 등 사회성을 향상하기 위해 미술매체를 사용하여 집단 작업으로 활동할 수 있다. 치료현장에서 실제로 이러한 미술치료기법을 장기적으로 적용하여 스스로 주의를 조절하고 충동성을 통제하며 사회적 상황에서 적절하게 반응하는 등 ADHD 아동이 호소하는 여러 가지 어려운 문제들이 통합되어 해결되고 다양한 능력이 향상되는 것을 볼 수 있다.

함께 가기

사회적 승인

목 표

1. 자기탐색을 통하여 강점을 인지하고 긍정적인 자기상을 가질 수 있다.
2. 자신의 상태와 가치를 알고 자신의 미래를 설계할 수 있다.

단계별 적용

ADHD 아동은 부정적인 행동으로 인해 사회에서 문제 있는 아이라고 낙인이 찍혀 부정적인 자기상을 갖고 있는 경우가 많다. 자신에 대해 탐색하여 올바른 자기개념을 가지고 긍정적인 자기인식을 하며, 자신이 나아갈 방향을 설계하여 긍정적인 미래상을 가질 수 있도록 해야 한다. [1단계]에서는 자신이 관계 속에서 겪는 어려움에 대해 알아보고 점토로 자신이 부족한 부분에 대해 보완해야 할 점을 표현하여 스스로 회복 가능한 방법을 탐색한다. 한 번에 한 가지씩 끝낼 수 있는 단순한 과제를 제공하여 주의력을 집중시키고 과잉행동을 줄일 수 있다. 점토가 마르면서 갈라진 틈을 자신의 부족한 능력 또는 타인과의 부정적인 관계를 의미하는 것으로 상징화시켜 갈라진 틈을 메우는 작업을 하면서 자신의 틈을 보완하고 사람들과의 관계를 개선할 수 있도록 하는 것에 의미를 가진다. [2단계]에서는 자신의 능력을 바탕으로 자격증을 만들어 보는 활동으로 자신에 대해 탐색이 필요한 아동에게 자기탐색의 기회를 제공하여 자신을 능력 있는 긍정적인 사람으로 보게 하고, 자신의 가치를 향상시켜 나아갈 방향을 설정할 수 있도록 한다. [3단계]에서는 자신의 특징에 대해 알고 시트지를 배지처럼 붙여 달아 보는 활동으로 긍정적인 특징은 발전 · 향상시키고 부정적인 특징은 감소 · 소거하도록 한다.

1단계

틈새 메우기

▌준비물

A4용지, 지점토, 여러 가지 색깔 클레이, 석고 가루, 석고 가루를 풀 수 있는 그릇, 물감, 물, 연필

▌활동방법

1. 땅과 벽의 갈라짐, 사람 간의 소원한 사이 등을 의미하는 '틈', '틈새'에 대해 이야기 나눈다.
2. 전체에서 보면 '틈'은 작은 부분일 수 있지만, 그 '틈'을 방치하거나 소홀히 관리하였을 경우 일어날 수 있는 일들을 예측한다.
3. 자신에게 또는 자신과 관련 있는 사람과의 관계에서 어떤 '틈'이 있는지 생각해 보고, 그 '틈'을 메울 수 있는 보완방법에 대해서 탐색한다.
4. 아동의 언어·행동 또는 사회적 관계에서 보완해야 할 점을 생각하여 A4용지에 적는다.
5. 아동이 개선할 점을 표현하는 상징을 지점토로 만들어서 말린다.
6. 말라서 갈라진 지점토를 보고 따라 A4용지에 그린 후, 그 틈에 대해서 탐색해 보고 떠오르는 생각과 느낌을 이야기 나눈다.
7. 클레이를 색깔 그대로 또는 색깔을 섞이게 하여 갈라진 지점토의 틈을 하나씩 메우면서 보완을 위한 방법은 어떤 것이 있는지 이야기 나눈 후, 클레이로 지점토를 꾸민다.
8. 원하는 색의 물감을 선택하여 석고 가루와 섞어서 틈을 메운 지점토 위에 부어 온전한 모양을 만든다.
9. 다 채워진 형상을 보고 느낌을 이야기 나눈다.

과정 1. 지점토로 모양 만들고 말리기

과정 2. 틈 따라 그리기

과정 3. 지점토 틈 메우기

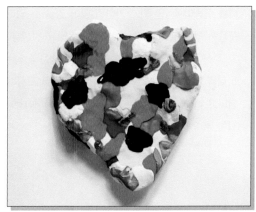

과정 4. 지점토 꾸미기

사례

나는 집중이 잘 안 되고 가만히 앉아 있을 수 없다. 그래서 친구들과 함께 공부하거나 놀 때 힘들다. 친구들이 나와 같이 놀기 싫어할 때도 있고 선생님에게 혼이 날 때도 있다. 또 누나가 공부할 때 시끄럽고 정신이 없다고 잔소리를 해서 많이 싸운다. 나는 친구, 선생님, 누나와도 좋은 마음을 나누고 싶어서 하트를 만들었다. 하트의 빈틈을 보니 채우고 싶다는 생각이 들었다. 친구, 선생님, 누나, 부모님께 도와달라고 하고 내가 잘하는 것을 더 열심히 해야겠다. 하트가 다 채워진 모습을 보니 나도 집중해서 뭐든 잘할 수 있을 것 같다.

▌Tip

1. 지점토 이외에 찰흙이나 석고와 같이 마르면서 갈라지는 매체를 사용할 수 있다.

2. 갈라짐, 틈, 틈새 등의 의미나 개념을 이해하지 못하는 아동들에게는 갈라지거나 틈이 생긴 실제 상황이나 장면을 찍은 사진 등 시각적 자료를 활용하면 개념을 이해하는 데 도움이 된다.

예시 1. 참고 사진: 갈라진 땅

예시 2. 참고 사진: 금이 간 벽

2단계

자격증

▌준비물

네임텍, 종이(네임텍 크기), A4용지, 네임펜, 색연필, 연필

▌활동방법

1. 다양한 종류의 신분증(주민등록증)과 면허증(운전면허증), 자격증(컴퓨터, 미용, 제빵 등), 사원증 등을 살펴보고 어떤 내용으로 구성되어 있는지 탐색한다.
2. '증'의 의미(통과, 허락, 보장 등)와 그것으로 할 수 있는 일, 얻을 수 있는 기회나 누릴 수 있는 즐거움들에 대해서 탐색한다.
3. 자신이 잘하는 일 또는 가지고 있는 기능과 장점 등 여러 능력을 탐색하여 A4용지에 적는다.
4. 자신의 능력을 바탕으로 자격증이나 사원증, 신분증을 만든다면 어떤 일을 하고 싶은지 A4용지에 적는다.
5. 그 내용을 바탕으로 네임텍 크기의 종이 앞면에 자신이 하는 일과 관련된 정보를 적고 얼굴을 그린다. 뒷면에는 자기 정보와 능력을 적고 꾸며서 자신만의 네임텍을 만든다.
6. 자신이 만든 네임텍을 실제로 착용하여 자격증이나 사원증, 신분증을 가지고 어디에서 어떤 일을 하고 싶은지 생각하여 하고 싶은 일과 관련된 행동을 한다.
7. 활동 후 느낀 점에 대해서 이야기 나눈다.

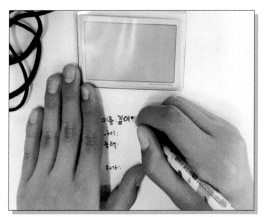

과정 1. 네임텍 내용 구성

과정 2. 네임텍 앞면에 정보 적고 얼굴 그리기

과정 3. 네임텍 뒷면에 정보와 능력 적고 꾸미기

과정 4. 네임텍을 착용하고 하고 싶은 일과
관련된 행동하기

사례 ADHD, 중등2, 남학생

나는 게임을 할 때 집중이 잘 되고 만렙을 넘길 때까지 계속 도전한다. 컴퓨터와 관련된 것에 관심이 많아 컴퓨터와 관련된 책을 많이 읽는다. 나중에 커서 컴퓨터 게임을 개발하거나 바이러스를 잡는 기술인이 되어 관련된 자격증도 취득하고 싶다. 또 IT로 유명한 기업에 초대를 받아서 기술도 전수하고 싶다.

▎Tip

1. 네임텍은 일반 목걸이형, 디자인 네임텍 등을 제시하여 선호하는 디자인으로 자유롭게 선택하는 기회를 제공할 수 있다.

2. 현재 자신이 가진 능력에 대한 탐색이 어려운 아동은 자신이 가지고 싶은 능력을 바탕으로 활동할 수 있다.

3. 신분증 탐색에 어려움이 있는 인지 수준을 가진 아동에게는 게임 안에서 캐릭터가 가지는 능력치 또는 단계별로 레벨이 올라가서 다음 레벨의 게임 창이 열리는 것 등 아동에게 친숙하고 아동이 선호하는 활동이나 개념으로 설명해 줄 수 있다.

인증 배지

준비물

시트지, 유성매직, 가위

활동방법

1. 다양한 종류의 배지에 대해 살펴보고 어떤 내용으로 구성되어 있는지 탐색한다.

2. 아동의 장점과 단점에 대해서 이야기 나눈다.

3. 아동의 장점은 자랑스럽고 알리고 싶은 것이므로 눈에 띌 수 있도록 큰 모양으로, 단점은 이와 반대로 눈에 띄지 않도록 작은 모양으로 유성매직을 사용하여 시트지에 아동의 장·단점을 상징하는 그림을 그리고 글을 적는다.

4. 그림을 그린 시트지를 오려서 장점은 아동의 몸에서 떼기 어려운 곳, 단점은 아동의 몸에서 떼기 쉬운 곳에 붙인다.

5. 몸에 붙은 시트지에 손을 대지 않고 몸을 흔들거나 뛰는 등 다양한 방법으로 몸을 움직여 떨어뜨린다. 단점 시트지를 떼어 내는 과정의 느낌과 떨어진 단점 시트지를 보면서 떠오른 생각에 대해 이야기 나눈다.

6. 자신이 가진 단점이 실제로 자신에게서 떨어진다면 자신의 모습은 어떻게 변화될 것 같은지 생각해 보고, 변화된다면 어떤 좋은 점이 있을 것 같은지 예측해 본다.

7. 가장 마음에 드는 장점 시트지를 골라서 자신이 가진 장점을 누구에게 꼭 알리고

싶은지, 많은 사람들이 알게 되면 자신에게 어떤 변화가 생길지 예측한 후, 몸의 가장 잘 보이는 부분에 배지처럼 붙이고 자랑스러운 자세를 잡는다.

8. 몸에서 잘 떨어지지 않는 장점 시트지의 내용은 아동의 능력이기에 더욱 드러내어 자신과 남을 이롭게 하는 데 사용해야 하고, 조금만 움직여도 떨어지는 단점 시트지의 내용은 관심을 가지고 노력해서 떼어 내고 변화시킬 수 있는 것임에 대해 충분히 이야기 나눈다.

9. 활동 후 느낀 점에 대해서 이야기 나눈다.

과정 1. 시트지에 모양 그리고 오리기

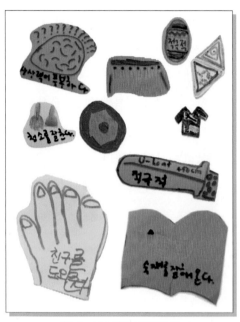

과정 2. 시트지에 장단점 적기

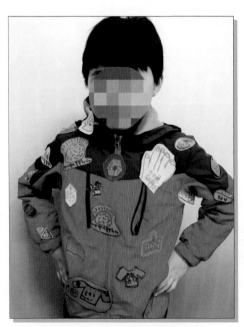

과정 3. 몸에 시트지 붙이기

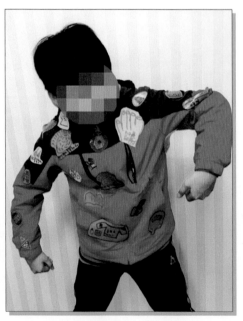

과정 4. 몸에 붙은 시트지 떼기

사례

ADHD, 초등6, 남학생

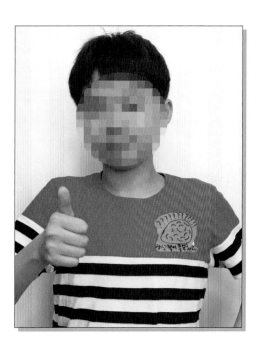

장점은 크게 만들고 단점은 작게 만들어서 그런지 장점이 더 많고 멋지게 보였다. 기분이 좋았고 나도 좀 괜찮은 사람인 것 같다는 생각이 들었다. 몸을 움직여서 시트지를 떼는데 혹시나 장점 시트지가 떨어질까 봐 걱정을 했다. 다행히 단점 시트지가 떨어졌을 때 진짜 나의 단점이 떨어진 것 같은 기분이었다. 내 단점을 없애서 친구나 가족에게 착하고 공부 잘하는 엄친아가 되면 좋겠다. 내가 가진 장점을 부모님께 말씀드리면 기뻐하실 것 같다. 진짜 엄친아가 되면 게임을 할 때나 놀 때 친구 사이에서 인기남이 될 것 같다. 생각만 해도 기분이 좋다.

▌Tip

1. 시트지를 붙이는 위치를 정할 때 장점은 떨어지기 어려운 곳, 단점은 떨어지기 쉬운 곳에 붙여 아동이 움직일 때 자연스럽고 쉽게 떨어지도록 하여 단점은 조금만 노력하면 개선할 수 있다는 인식을 갖게 한다. 또는 장점은 드러낼 수 있도록 잘 보이는 곳에 붙이고 단점은 잘 보이지 않는 곳에 붙이는 방법도 있다.

2. 시트지 외에도 포스트잇, 스티커, 굵은 종이테이프 등 접착력이 있는 다양한 재료를 사용할 수 있다.

3. 미술활동에 거부감이 심한 아동의 경우 치료사가 간단한 모양의 시트지 또는 배지를 준비하여, 아동이 그 위에 자신의 장단점을 상징하는 그림이나 글을 적는 방법을 사용해도 좋다.

예시 1. 참고 그림. 이가 큰 친구를 위한 배지

예시 2. 참고 그림. 수영 잘하는 친구를 위한 배지

마음 새김

▮ 목 표

1. 섬세한 작품 만들기를 통해 주의집중하는 능력을 기를 수 있다.
2. 내·외면, 언어·행동, 사회적 관계에서 자신의 특징을 이해하여 강점을 표현하고 부각시키며 개선이 필요한 부분을 알고 보완할 수 있다.

▮ 단계별 적용

ADHD 아동에게는 자신을 탐색하여 강점을 부각시키고 주의력 결핍과 충동성으로 인해 겪게 되는 어려움을 개선할 수 있도록 돕는 프로그램이 필요하다. 쉽게 물러지는 재료, 부서지는 재료, 말랑한 재료 등 점점 더 주의를 요구하는 재료를 각 단계별로 사용하여 주의력을 향상시키는 데 도움을 주고 자신의 특징을 이해하도록 한다. [1단계]에서는 쉽게 형상을 조각할 수 있는 과일의 껍질과 알맹이의 특성을 이용하여 자신의 내·외면을 탐색한다. [2단계]에서는 주의력과 조절력이 조금 더 요구되는 고체 형광펜과 양초를 조각하는 활동으로 자신에 대해 인식하여 언어·행동적 특성에서 개선이 필요한 부분을 알고 강점을 부각시킬 방법을 찾는 데 도움이 된다. [3단계]에서는 형태와 성질이 변형되는 재료인 마시멜로와 튀밥을 조각하는 활동으로 자신의 심리적·행동적 특성의 변화와 사회적 관계에 대해 알아보고, 개선을 위해 노력할 수 있는 방법에 대해 알 수 있도록 돕는다.

과일 조각

▎준비물

바나나, 이쑤시개, A4용지, 연필

▎활동방법

1. 안과 밖의 모습이 다른 사물은 무엇이 있는지 이야기 나눈다. 안과 밖이 다른 사물처럼 사람도 겉으로 보이는 모습과 드러나지 않는 생각 또는 느낌이 다를 수 있다는 것을 이야기 나눈다. 겉으로 보이는 것과 드러나는 것이 전부가 아니라 내면에 좋은 점이 있음을 알도록 한다. 내면의 좋은 생각과 바른 마음가짐 또한 가치 있음을 덧붙여 이야기 나눈다.

2. 겉으로 잘 드러나지 않아서 다른 사람이 알지 못하는 자신 내면의 좋은 점에 대해서 이야기하고, 이러한 자신의 외면과 내면의 모습을 바나나의 껍질과 알맹이를 이용하여 상징물로 어떻게 표현할지 생각한 후 A4용지에 그린다.

3. 그림으로 그린 상징물을 보고 바나나의 껍질에는 잘 드러나는 모습인 외면을, 알맹이에는 잘 드러나지 않는 모습인 내면을 표현할 수 있도록 연필로 표시한다.

4. 이쑤시개를 사용하여 바나나를 파낸다.

5. 작품에 따라 바나나 껍질을 덮었을 때 할 수 있는 대화와 껍질을 조금 벗겼을 때 할 수 있는 대화 또는 그 자체를 가지고 자유롭게 대화를 구성하여 실제로 이야기한다.

6. 활동 후 느낀 점에 대해서 이야기 나눈다.

사례 1.

ADD, 초등3, 남학생

바나나는 먹는 음식이지만 눈, 코, 입이 생긴 바나나가 사람을 쳐다보면서 "나 먹지 마!"라고 말한다. 나는 이 바나나처럼 작고 약해서 누가 괴롭혀도 하고 싶은 말을 할 수 없지만 마음속에는 하고 싶은 말이 많다.

사례 2.

ADHD, 중등2, 여학생

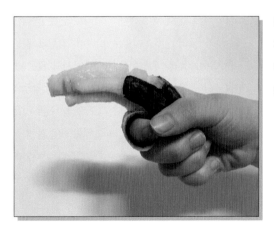

바나나를 생각하면 부드럽고 힘이 없어 쉽게 잘릴 것 같지만 그 부드러움이 강한 힘이 될 수도 있다. 나는 겉으로 약해 보일지라도 그 약한 모습 안에 총과 같은 강한 힘을 가지고 있다.

사례 3.

ADHD, 초등6, 남학생

표정이 없거나 인상을 쓰는 친구를 보면 마음씨도 좋지 않을 거라고 생각하지만, 이야기를 나누어 보고 마음을 알게 되면 좋은 사람인 것을 알 수 있었다. 나도 겉으로는 인상을 쓰고 친구를 괴롭혀서 나쁜 아이로 보이지만, 알고 보면 친구와 함께 놀고 싶어 하는 밝고 좋은 사람이다.

사례 4.

미술치료사, 여

바나나 껍질 안에 부드러운 바나나로 만든 딱딱한 옥수수가 들어 있다. 사람은 바나나 껍질과 같은 외면 안에 바나나 알맹이처럼 다듬어지지 않은 선천적 특성들을 가지고 태어나지만, 옥수수 각각의 알갱이처럼 성장하면서 후천적으로 습득한 것을 바탕으로 자신의 선호에 따라 고유한 모습과 특성이 있는 일정한 틀을 만드는 것 같다. 나의 내면에 만들어진 좋은 틀이 무엇인지 탐색하는 기회가 되었다.

█ Tip

1. 바나나 대신 껍질이 있는 귤을 활용할 수 있고, 쉽게 조각 가능하지만 주의를 기울여야 하는 망고, 사과, 키위 등으로 교체하여 사용할 수 있다.

2. 바나나의 알맹이와 껍질을 이용하여 상징물로 나타내는 것을 어려워하는 아동의 경우 다양한 바나나 작품이나 사례를 보여 주어 이해를 도울 수 있다.

고체 형광펜, 양초 조각

▌준비물

고체 형광펜, A4용지, 이쑤시개, 연필

▌활동방법 1.

1. 고체 형광펜이 무엇인지 실제로 사용해 보며, 그 용도에 대해 탐색한다(눈에 잘 띄며 어떤 내용을 강조할 때 사용).

2. 가족과 친구의 강점을 생각해 보고 자신의 강점을 이야기한 뒤 A4용지에 적는다.

3. 자신의 강점을 상징하는 사물을 생각하여 A4용지에 그린다.

4. 자신의 강점을 다른 사람에게 알릴 수 있는 방법을 이야기한다.

5. 아동의 강점을 상징하는 사물을 고체 형광펜에 연필로 그려 표시하고 이쑤시개로 조각한다.

6. 조각하여 긁어 낸 형광펜 부스러기는 어떤 부분에 해당하는지 생각한다(예: 좋은 점을 가리는 부분).

7. 자신의 강점을 상징하는 형광펜 모양을 보고, 앞으로 좋은 점을 눈에 띄게 잘 보여 줄 수 있는 방법을 생각하여 이야기한다.

8. 활동 후 느낀 점에 대해서 이야기 나눈다.

사례 1.

 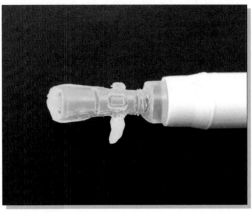

나는 목소리가 커서 학교에서 응원부장을 하고 친구들에게 인기가 많다.

친구들은 내가 이야기할 때 확성기나 마이크에 대고 이야기하는 것 같다고 했다. 말을 하거나 노래를 부를 때 가끔 목이 쉰 소리를 내거나 음이탈을 하는데 목을 잘 관리해서 계속 인기남이 되고 싶다.

사례 2.

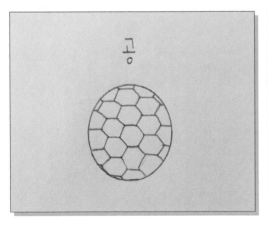 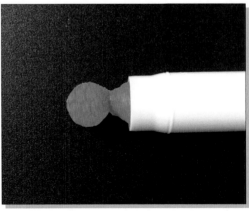

나는 축구를 잘한다. 가끔은 공처럼 어디로 튈지 모르겠다는 말을 듣지만 축구를 열심히 해서 힘을 길러 약한 친구들을 도와주어야겠다. 그리고 축구를 열심히 해서 멋진 대표선수가 되어 나를 알리고 싶다.

█ 준비물

양초, A4용지, 이쑤시개, 파스텔 또는 유성매직, 연필

█ 활동방법 2.

1. 양초의 용도에 대해 탐색한다.

2. 아동이 자주 사용하는 언어와 자주 하는 행동 등이 무엇인지 평소 모습을 생각하여 A4용지에 적는다.

3. 아동의 언어·행동적 특성 중 개선 또는 발전이 필요한 부분을 긍정적으로 변화시켜서 밝게 빛나게 하기 위해 필요한 물건 또는 상징하는 물건을 A4용지에 그린다.

4. 양초에 상징하는 물건을 연필로 그리고 이쑤시개로 파낸다.

5. 모양을 파낸 양초를 파스텔 또는 유성매직으로 꾸민다.

5. 긁어낸 양초의 가루는 어떤 부분에 해당하는지 생각한다(예: 좋은 점을 가리는 부분).

6. 양초의 모양을 보고 개선하기 위해 해야 할 일을 생각하여 이야기한다.

7. 활동 후 느낀 점에 대해서 이야기 나눈다.

사례 1.
ADHD, 초등2, 남학생

공부를 하는 것과 친구들이 모르는 문제를 가르쳐 주는 것이 좋다. 연필은 공부를 할 때 꼭 필요한 것인데, 자신의 몸을 희생하여 내가 공부하는 데 도움을 준다. 나도 앞으로 남을 도우면서 지금보다 더 열심히 공부해서 한 분야의 전문가가 되고 싶다.

사례 2.
ADD, 중등2, 여학생

평소에 나를 잘 꾸미지 않는데 좀 꾸미고 다니면 친구들과 잘 지낼 수 있을 것 같다. 꽃과 같이 아름다운 모습을 가지고 향기로워지고 싶다. 또 편안하고 멋진 분위기를 갖고 싶다.

사례 3.   ADHD, 중등2, 남학생

나는 디자인에 관심이 있어서 평소에 주변을 많이 관찰한다. 그리고 평소에는 많이 돌아다니게 되는데 컴퓨터 앞에서 마우스를 잡고 무언가를 할 때 집중이 잘 된다. 앞으로 그래픽 디자이너가 되기 위해 컴퓨터와 마우스로 열심히 연습해서 소원을 이루겠다.

사례 4.   ADHD, 중등1, 남학생

나는 공부에 소질이 없고 물건을 잘 잃어버리고 다닌다. 주변에서 친구들이 나를 많이 도와줘서 중학교 생활을 잘 할 수 있었다. 예쁘고 착한 여자 친구가 생겨 옆에서 나를 도와준다면 무한한 힘이 생길 것 같고 공부도 열심히 하며 물건도 잘 챙길 수 있을 것 같다.

█ Tip

1. 고체 형광펜 대신 연필을 조각하기도 하고 분필을 사용하기도 한다. 분필은 조각하기 전에 부서지지 않게 물에 적신 후 긁어낼 수 있다.

2. 생일 초를 이어 붙여 모양을 만들 수도 있고 촛농을 녹여 활동할 수 있는데, 생일 초는 일반 양초보다 빨리 녹기 때문에 더욱 주의력과 충동성을 조절하는 매체로 사용할 수 있다.

3. 파스텔 또는 유성매직 대신에 아크릴 물감으로 채색하면 채색 효과를 높일 수 있다.

4. 일반 양초와 크레파스를 이용하여 촛농을 녹인 그림을 그릴 수 있다.

나는 공부가 좋긴 한데 할 공부가 너무 많고 학원 수업도 너무 길다. 그 짐의 무게가 100톤은 되는 것 같다. 나도 100톤 해머를 가지고 공부와 스트레스를 물리치는 힘을 갖고 싶다.

예시 1.

나는 다른 사람들보다 사람과 주변의 상황을 잘 관찰한다. 잘 보고 파악해야 하는 놀이에서는 내가 늘 일등이다. 눈의 관찰력으로 할 수 있는 일을 하고 싶다. 눈이 나빠지지 않고 계속 건강하게 지냈으면 좋겠다.

예시 2.

마시멜로 · 튀밥 조각

▌준비물

마시멜로, 버터, 튀밥, 모양 틀, 큰 국자, 나무젓가락, 클립 또는 조각도, 장식용 양초, 라이터

▌활동방법

1. 녹는 재료의 종류와 특성에 대해 탐색하고, 위인 또는 주변 사람 중에서 노력하여 스스로 변화를 이끌어 내고 강점을 부각시켜 위대한 업적을 가진 사람들에 대해 살펴본다(예: 알버트 아인슈타인, 토마스 에디슨, 월트 디즈니 등).
2. 변화하고 개선하기 위해 어떤 노력을 했고 어떻게 강점을 부각시켰을지 생각하여 이야기 나눈다.
3. 아동이 주로 하는 생각과 행동은 무엇인지, 사회적 관계와 관련하여 개선하거나 변화시키고 싶은 부분을 생각하여 상징하는 모양을 그린 후 모양 틀을 선택한다.
4. 불을 사용할 때 주의할 사항에 대해 이야기를 나누고, 양초와 국자를 사용하여 마시멜로와 버터를 함께 녹인다.
5. 녹인 마시멜로에 튀밥을 넣고 저어서 모양 틀에 붓는다.
6. 마시멜로가 식으면 모양 틀에서 꺼낸다.
7. 틀 모양으로 굳어진 마시멜로 튀밥을 불에 달군 클립이나 조각도를 이용하여 개선

하거나 변화시키고 싶은 모습을 상징하는 모양을 구체적으로 조각한다.

8. 완성 작품을 보고 긍정적으로 변화하기 위해 노력해야 하는 구체적이고 실천적인 방법에 대해서 이야기 나눈다.

9. 활동 후 느낀 점에 대해서 이야기 나눈다.

과정 1. 마시멜로와 버터 녹이기

과정 2. 튀밥 넣어서 젓기

과정 3. 녹인 마시멜로를 틀에 붓기

과정 4. 마시멜로를 굳힌 뒤 틀에서 꺼내기

사례

나는 마음에 드는 친구와만 놀고 맛있는 간식을 먹는 것이 좋다. 다른 친구와 놀면 재미가 없고, 다른 친구들도 내가 규칙이나 질서를 잘 지키지 않아서 나랑 같이 노는 것을 좋아하지 않는다. 나는 변화시키고 싶은 모습으로 나누어 먹는 피자를 생각했다. 피자를 잘라서 조각을 나누어 먹는 것처럼 친구들에게 골고루 나의 마음을 나누어 주고 사이좋게 지낼 수 있도록 해야겠다. 그러기 위해서는 규칙이나 질서를 잘 지킬 수 있도록 노력해서 교통질서를 준수하는 자동차와 같은 착한 사람이 되어야겠다.

┃Tip

1. 마시멜로를 틀에 부을 때 아동이 충동성과 부주의로 인해 양을 조절하지 못할 수 있으므로, 치료사는 적당한 양을 사용하도록 도움을 줄 수 있다.
2. 마시멜로가 식거나 굳을 때까지 기다리기 어려워하므로 녹은 마시멜로에 손을 데지 않도록 주의한다.

3

신체 다듬질

▌목 표

1. 자신의 신체를 조절하여 주의력을 향상시키고 충동성을 조절할 수 있다.
2. 변화시키고 싶은 자신의 생각과 행동을 탐색하여 변화를 위한 구체적인 방법을 찾고 긍정적으로 표현할 수 있다.

▌단계별 적용

충동성 조절에 많은 어려움이 있고 과잉행동을 보이는 아동에게 스스로 자신의 신체를 조절하는 능력이 필요함을 인식하게 하고 신체 전체를 통제하는 경험을 하게 할 필요가 있다. 신체조절은 주의력에 도움이 되고 분산된 협응력을 갖는 아동의 신체 협응력 향상에도 도움이 된다. [1단계]에서는 신체 움직임에 제한을 두어 그림을 그리게 하는 활동으로 조절의 어려움을 경험하여 심리적 조절의 필요성과 어려움에 대해 깨달을 수 있도록 한다. [2단계]는 자신의 신체를 통제하여 다트판에서 원하는 점수를 얻는 활동이다. 흔들림 없는 신체조절을 경험하게 하고 신체조절을 통해 아동이 실제로 원하는 것을 얻을 수 있는 획득의 기회를 제공한다. [3단계]에서는 자신의 행동적 변화를 위한 공간을 구성하는 활동으로 자신의 생각과 행동을 변화시킬 수 있도록 스스로 만든 공간에 의미를 부여하여 마음과 행동에 변화를 가질 수 있도록 돕는다.

신체 제어

▌준비물

2절지, 물감, 붓, 접시, 크레파스

▌활동방법

1. 상체와 하체의 일부분만 움직여 보고 자신의 움직임을 탐색한다.

2. 바닥에 2절지를 놓고 발가락에 크레파스를 끼워 상체를 움직이지 않고 다리만 움직여 가능한 한 큰 원을 그린다. 크레파스의 색깔을 바꾸어 다른 도형을 그린 후 그려진 도형들로 표현할 수 있는 사물을 그린다.

3. 양팔 사이에 물감을 묻힌 붓을 끼워 표현한 사물을 부분적으로 색칠한다.

4. 양쪽 손가락 사이에 물감을 묻힌 붓을 끼워 표현한 사물을 부분적으로 색칠한다.

5. 한쪽 발가락과 한쪽 손가락 사이에 크레파스를 끼워 색칠하여 완성한다.

6. 신체 제어, 통제 등 신체조절의 어려움에 대해 이야기 나누고, 신체조절에서 나아가 심리조절의 필요성과 어려움에 대해 이야기 나눈다.

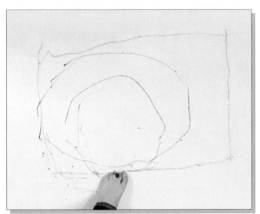

과정 1. 발가락에 크레파스를 끼워 도형 그리기

과정 2. 손목을 맞대고 붓을 끼워 색칠하기

과정 3. 손가락 사이에 붓을 끼워 양팔로 색칠하기

과정 4. 한쪽 발가락과 한쪽 손가락 사이에
크레파스를 끼워 색칠하기

❙ Tip

1. 신체의 한 부분을 조절해서 잘 사용하게 되면 두 부분으로 확장한다(예: 왼쪽 발가락에 크레파스를 끼우고 서서 그린다, 양쪽 발가락에 크레파스를 끼우고 앉아서 그린다, 왼쪽 발가락에 크레파스를 끼우고 오른쪽 손가락 사이에 붓을 끼우고 색칠한다.).
2. 집단 미술치료일 경우 짝을 이루어 신체 부위를 서로 맞대고 떨어지지 않도록 하여 함께 그림을 그리는 활동으로 활용할 수 있다.

신체 다트

▌준비물

바퀴 달린 의자, 막대, 그림(잡지, 전단지, 달력), A4용지, 도화지, 유성매직, 연필, 지
우개, 가위, 풀, 테이프

▌활동방법

1. 평소 부모나 교사에게 부주의나 충동성으로 인해 야단을 듣게 되는 행동 중 자주
   하는 행동을 탐색한다(예: 물건을 잘 챙기지 못한다, 물건을 잘 잃어버린다.).
2. 부주의나 충동성을 조절하여 얻고 싶은 것을 A4용지에 목록으로 작성하고 0점부
   터 10점까지 나누어 점수를 적는다.
3. 도화지에 다양한 그림을 이용하여 만들고 싶은 모양으로 다트판을 만들어 점수와
   목록을 적고 꾸민다.
4. 바퀴 달린 의자에 앉았을 때 다트를 찍을 수 있는 곳에 다트판을 고정한다.
5. 테이프로 유성매직을 고정한 막대를 겨드랑이에 끼우고 발가락에 매직을 고정하
   여 바퀴 달린 의자에 앉아 다트로 사용하기 위한 자세를 만들어 연습한다.
6. 바퀴 달린 의자에 앉아 자세를 잡고 유지하여 다트판을 향해 한쪽 발로 의자를 굴
   려 가서 다트를 찍는다. 다양한 자세로 다트를 찍는다.
7. 다트판에 찍힌 잉크를 보고 점수를 낸다.

8. 스스로 충동을 조절하면 얻고 싶은 것을 가질 수 있다는 긍정적인 부분과 신체를 조절하며 자세를 유지하는 것의 어려움에 대해서 이야기 나눈다.

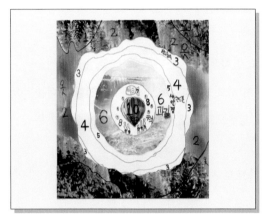

과정 1. 다트판 만들어 점수 적기

과정 2. 연습한 자세 잡고 다트 찍기

과정 3. 다양한 자세로 다트 찍기

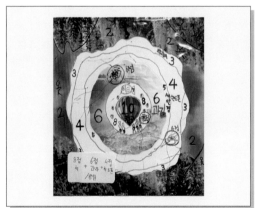

과정 4. 점수 내어 완성

┃Tip

1. 자석 다트, 회전 다트, 전자 다트, 핀 다트 등 실제로 만들어진 다양한 다트를 사용할 수 있다.

2. 미술치료 실시 전 실제 다트 놀이로 즐겨 보고, 점수 계산도 해 보면 프로그램을 조금 더 쉽게 이해할 수 있다.

3. 유지 자세는 쉬운 자세에서 어려운 자세로 변화되도록 한다(예: 손으로 유성매직을 잡고 앞으로 뻗는다, 발에 유성매직을 고정하여 뒤로 뻗는다, 유성매직을 고정한 막대를 겨드랑이에 끼우고 발가락에 매직을 고정한다, 양손으로 막대를 잡아 머리 위에 올리고 무릎에 매직을 고정한다.).

4. 신체의 한 부분 또는 여러 부분을 동시에 다트로 사용할 수 있다.

신체 스타일러

▮ 준비물

비닐, 모루, 신문, 잡지, 광고지, 스타일러 실물 사진 또는 광고지, 연필, 가위, 풀, 테이프

▮ 활동방법

1. 스타일러가 무엇인지 사진 또는 광고지를 보며 그 기능과 용도에 대해 탐색하고, 주요한 기능인 주름 펴짐, 습기 제거, 냄새 제거 등에 대해 이야기 나눈다.
2. 마음, 외모, 행동 등 긍정적으로 변화되고 싶은 부분을 생각한다.
3. 만약 스타일러 같은 기능을 가진 공간이 있어 그 공간을 지나간다면 자신은 어떻게 긍정적으로 변화될 수 있는지 생각하여 이야기 나눈다.
4. 자신을 변화시킬 수 있는 스타일러는 어떻게 구성되었을지, 어떤 모양일지, 어떤 특별한 기능이 있을지 그림으로 그린다.
5. 신문, 잡지, 광고지, 비닐, 모루 등 다양한 재료를 사용하여 의미에 맞게 스타일러를 구성한다.
6. 스타일러를 지나가 보고 자신의 변화를 상상하여 표현해 본다(예: 다른 사람 이야기를 집중해서 잘 듣게 되었어요! 나쁜 말과 행동이 생각날 때 피아노를 치니 기분이 좋아졌어요!).
7. 활동 후 느낀 점에 대해서 이야기 나눈다.

과정 1. 신문, 잡지로 스타일러 꾸미기

과정 2. 다양한 재료로 스타일러 꾸미기

과정 3. 스타일러의 의미에 맞게 구성하여 꾸미기

과정 4. 스타일러를 지나가 보기

완성 작품: 비닐로 만든 스타일러 통과하기

▌Tip

1. 전체 구성이 어려운 아동은 상자나 원형 틀 등 구체물을 제시하여 스타일러를 만들도록 한다.

2. 공간에 아로마 양초나 향수 등을 이용해서 향기가 나게 하거나 조명을 설치하여 다른 공간이라는 느낌과 좋은 느낌을 주는 공간으로 인식하게 만들어서 변화에 도움을 줄 수 있다.

예시. 참고 사진. 스타일러 실물 사진

4

관계 조망

▌목 표

1. 거울 또는 종이에 비치는 그림을 통해 인지적 · 정서적 · 사회적 조망능력을 향상 시킬 수 있다.
2. 조망능력 향상을 통해 또래관계의 문제점을 해결하고 사회성을 향상시킬 수 있다.

▌단계별 적용

조망능력은 타인의 시각에서 바라보고 상황을 이해하는 능력인데, 미술치료를 통해 ADHD 아동의 결핍된 조망능력을 향상시켜 적절한 사회적 관계를 가지도록 도와줄 수 있다. [1단계]는 카드의 뒷면을 거울을 통해 보는 활동으로 타인의 생각과 견해를 자신의 사고를 바탕으로 추론하고 평가할 수 있는 능력인 인지적 조망을 위한 작업 이다. [2단계]에서는 명화를 통해 인물의 정서를 알아보는 활동으로 사회적 맥락 안 에서 인간이 느끼는 감정과 같은 정서 상태를 추론하고 평가할 수 있는 능력인 정서 적 조망을 적절하게 사용할 수 있도록 돕는다. [3단계]에서는 자신의 상황을 트레이 싱지에 그려서 활용 가능한 자원을 찾도록 돕고 사고의 전환을 경험할 수 있게 하는 활동으로 사고를 바탕으로 하는 인지적 조망과 감정을 바탕으로 하는 정서적 조망을 기초로 하여 사회적 상황에서 습득되는 능력인 사회적 조망을 돕는다.

인지 조망: 카드

준비물

카드(사람, 과일, 숫자 등), 거울, 도화지, 유성매직

활동방법

1. 다양한 카드의 종류에 대해 알아보고 앞면과 뒷면이 다른 카드에 대해 이해한다.

2. 치료사는 아동이 볼 수 없도록 분류가 같은 양면 카드(예: 가족, 사람, 동물, 과일 등) 를 미리 준비한다.

3. 아동이 양면 카드의 구성을 이해하도록 하기 위해 다양한 카드 중 한 장의 카드를 선 택하고, 그 카드의 그림을 보며 연상되는 같은 분류의 카드를 한 장 골라 양면이 되 도록 붙이고 선택한 이유를 설명한다.

4. 치료사가 준비한 양면 카드를 꺼내어 아동은 카드의 뒷면이 보이지 않고 앞면만 보이도록 책상에 두고 카드를 고른다.

5. 카드의 뒷면에 어떤 내용이 있을지 상상하여 이야기하고 도화지에 그림을 그린다.

6. 치료사가 카드를 들고 뒷면에 거울을 비추어 아동이 거울을 통해 카드의 뒷면을 볼 수 있도록 한다.

7. 아동이 거울에 유성매직으로 카드의 뒷면을 따라 그린다.

8. 실제 카드와 자신이 상상한 카드의 뒷면, 그리고 거울에 그린 그림을 함께 보고 어 떤지 비교하여 이야기 나눈다.

9. 다른 사람은 어떤 생각으로 준비해 둔 카드의 양면을 골라서 붙였을지 자신의 경 험을 바탕으로 추론한다.

사례 1.

'엄마' 하면 '아빠'가 떠올라서 앞면에 엄마가 있기 때문에 뒷면에 아빠 사진이 있을 것이라고 생각했다. 그런데 '여자아이'가 있어서 놀랐다. 그림 속의 엄마가 가장 좋아하는 사람이 아마 이 여자아이라서 이 카드를 선택했을 것 같다.

사례 2.

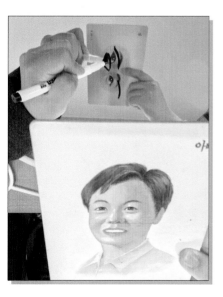

'아빠'가 나중에 '할아버지'가 되기 때문에 앞면에 아빠가 있어서 뒷면에 할아버지일 것이라 생각했다. 그런데 아빠 카드 뒷면에 '매서운 눈' 그림이 있는 것을 보니, 아빠가 야단치실 때의 화난 눈이 많이 생각났을 것 같다.

사례 3.

앞면에 바나나가 있어서 뒷면에 바나나 껍질이나 껍질에 미끄러져 넘어지는 모습일 것이라 생각했는데 포도가 있다. 포도가 있어서 당황스럽다. 바나나 카드 뒤에 좋아하는 과일을 붙였을 것 같다. 아니면 바나나를 먹고 포도를 먹었거나 바나나와 포도를 함께 갈아서 주스로 마시는 것을 좋아할 것 같다.

사례 4.

앞면에 숫자 8이 나와서 뒷면에 숫자 9나 18이 있을 줄 알았다. 선생님이 숫자가 아니라 다른 사람, 동물, 과일일 수도 있다고 이야기해서 8과 비슷하게 생긴 빵이랑 빵 8개가 생각났다. 그런데 사과나무가 있어서 이해가 잘 되지 않는다. 아마 숫자 8과 사과 8개가 어떤 사람에게는 의미 있는 숫자와 물건인 것 같다.

▌Tip

1. 아동의 인지 수준에 맞추어 카드의 모양이나 숫자 등 그 내용을 다르게 하고 인지 수준이 낮을 경우 간단한 도형 또는 물건을 제시하여 그리게 할 수 있다.

2. 처음에는 가족, 사람, 동물, 과일 등 분류가 같은 양면의 카드를 사용하고, 타인의 생각과 견해를 자신의 사고를 바탕으로 조금 더 깊이 있게 추론 가능하면 분류가 다른 카드를 사용할 수 있다.

정서 조망: 명화

▌준비물

명화 〈시녀들〉과 〈로크비의 비너스〉, A4용지, 색연필, 연필, 지우개

▌활동방법

1. 다양한 표정과 관련된 기분에 대해 이야기하고 자신은 어떤 상황과 장면에서 어떤 표정을 짓는지 이야기 나눈다.

2. 명화 〈시녀들〉과 〈로크비의 비너스〉를 보고 앞모습이 보이는 사람과 거울에 비친 사람의 표정을 보고 어떤 감정을 느끼고 있을지 생각하여 이야기 나눈다.

3. 명화 〈시녀들〉과 〈로크비의 비너스〉와 비슷하게 구성하여 A4용지에 앞모습 또는 뒷모습이 보이는 사람과 거울에 비친 모습을 그린다.

4. 그린 사람의 앞과 뒤의 모습을 설명하고 그렇게 표현한 이유에 대하여 이야기 나눈다.

5. 그림에서 사람의 앞과 뒤의 모습이 달리 보이듯 사람의 마음과 행동은 상황에 따라 오해를 하거나 잘못 해석할 수 있음을 이야기 나눈다.

6. 활동 후 느낀 점에 대해서 이야기 나눈다.

사례 1. ADHD, 중등3, 남학생

친구들이 싸우고 있는 모습인데 한 친구는 등을 보이고 앉아 있다. 등을 보이는 친구는 친구들이 싸워서 화가 나지만 속으로는 웃고 있다. 왜냐하면 친구끼리 다투기도 하면서 더욱 친해지는 것을 알고 있기 때문이다.

사례 2. ADHD, 중등2, 남학생

나는 공부가 하기 싫고 성적이 잘 나오지 않는다. 하지만 시험을 쳤을 때는 항상 100점을 받고 싶다. 지금 성적이 잘 나오지 않아서 슬프지만, 거울에 비친 내 모습을 보고 100점을 맞고 웃으며 자랑하고 싶은 모습이다.

사례 3.   ADHD, 중등2, 여학생

친구가 수업시간에 발표를 하고 싶어서 손을 들었는데 선생님이 시켜 주지 않아서 아쉬운 마음에 화가 났다고 했다. 수업시간에 봤을 때는 웃으면서 열심히 하는 모습이었는데 화가 났다고 해서 속마음을 알고 놀랐다. 그리고 다음 수업시간에도 손을 드는 친구의 모습을 보고 속으로 화가 났을 친구의 마음이 상상되어 웃음이 났다.

사례 4.   ADHD, 중등1, 남학생

여자아이들은 이상하다. 놀 때는 좋아서 신나게 놀다가 삐지면 말도 안 한다. 여자아이들끼리도 서로 좋다고 하다가 샘나는 일이 있으면 친구가 아닌 것처럼 행동한다. 여자아이들은 삐진 척하는데 좋아할 때도 있고, 좋아하는데 꼬집고 괴롭히기도 한다. 실제 모습과 속마음이 참 다른 것 같다.

Tip

예시 1. 참고 작품:
디에고 벨라스케스(Diego Velasgues)의 〈시녀들(Las Meninas)〉

예시 2. 참고 작품:
디에고 벨라스케스(Diego Velasgues)의 〈로크비의 비너스(The Rokeby Venus)〉

3
단
계

사회적 조망: 트레이싱지

▎준비물

트레이싱지, A4용지, 매직테이프, 연필, 지우개

▎활동방법

1. 고민이 되는 것을 머릿속으로 생각하여 치료사가 그 내용을 알지 못하도록 한다.

2. 가장 고민이 되는 것을 골라서 A4용지에 그림을 그리고 번호를 적는다.

3. 치료사는 아동이 그린 A4용지를 받아서 그 위에 트레이싱지를 두고 테이프를 붙여서 오른쪽 위에 번호를 적는다. 치료사는 아동이 A4용지에 그린 그림을 보고 트레이싱지에 따라 그리거나 변형하여 고민을 해결할 수 있는 변화 그림을 그린 후 추가하고 싶은 것을 그린다.

5. 아동은 치료사가 그린 트레이싱지를 받아서 그 위에 새로운 트레이싱지를 붙이고 오른쪽 위에 번호를 적는다. 다시 그림을 그리는 과정을 여러 번 반복한다.

6. 처음에 그린 A4용지의 그림과 각각의 트레이싱지의 그림을 보면서 고민은 사람이 처한 사회적 상황에 따라 다를 수 있음을 알고, 사고의 전환이 고민을 달리 보게 할 수 있음을 탐색할 수 있도록 원그림과 변형된 그림을 비교한다.

7. 아동은 치료사가 그려 준 그림과 자신이 새롭게 구성한 그림을 보고 자신이 생각하지 못했던 고민의 해결방법은 무엇인지, 변형된 그림들을 비교해 보면서 발견하게 된 것은 무엇인지 살펴보면서 자신의 사용 가능한 자원을 알아본다.

8. 활동 후 느낀 점에 대해서 이야기 나눈다.

사례   ADHD, 초등3, 남학생

과정 1.

아동 그림: 친구들이 나와 함께 놀아 주지 않는다. '바보 멍청이, 메롱~메롱~'이라고 하면서 놀려서 속상하다. 나도 친구들과 게임을 하고 맛있는 음식도 먹으면서 함께 놀고 싶다.

과정 2.

치료사 그림: 아동이 친구들에게 놀림을 받지 않고 함께 가위바위보를 하면서 노는 모습이다. 친구들은 인상을 쓰고 있지 않고 재미있게 놀고 있다. 친구들과 아동이 조금 더 서로에게 마음을 열어야 할 것 같아서 둥근 원을 그려 주었다.

과정 3.

아동 그림: 친구들과 함께 게임을 하면 좋겠다. 친구들과 함께 하고 싶었던 놀이를 하기도 하고, 초대장을 그려서 집에 초대도 하고, 모르는 문제도 가르쳐 주는 모습이다.

과정 4. 완성 작품: 친구 사이

치료사 그림: 아동과 친구들이 학교에서 놀면서 더 친해져서 공원으로 소풍을 가서 놀고 있는 모습이다. 음료도 하나씩 마시고 과자도 서로 사이좋게 나누어 먹는다. 서로에게 더욱 가까운 사이가 돼서 절친이 될 수 있을 것이다.

❙ Tip

1. 주의집중과 충동성으로 인해 활동에 많은 어려움이 있는 아동은 비친 그림을 선명하게 볼 수 있도록 트레이싱지 대신 투명한 OHP필름을 사용하면 도움이 된다.

2. 자신의 기억을 유지하는 것에 어려움이 있는 아동은 종이에 연필로 생각을 적어 그 내용을 잊지 않도록 하면 도움이 된다.

3. 개별 작업뿐만 아니라 집단 작업에서도 사용 가능한데, 집단으로 할 때에는 한 방향으로 순서를 정하는 것이 좋으며, 바로 앞에 그린 그림을 제외하고 그전에 그린 그림을 볼 수 없도록 하여 새로운 자원을 생각하게 할 수 있다.

틱장애

틱장애와 만나는 4월, 5월, 6월

알고 가기

짚고 가기

함께 가기

█ 알고 가기

1. 틱장애(Tic Disorder) 정의

틱(tic)이란 급작스럽고 반복적으로 근육이 수축하는 것을 말하며, 이는 불수적이고 간헐적으로 나타나기에 어떤 경우에는 정상적인 행동으로 보이기도 한다. 규칙적인 리듬이 없고 목적을 띠지는 않지만 마치 목적을 갖고 행하는 행동과 유사해 보인다.

틱은 단순 틱과 복합 틱으로 나눌 수 있으며 운동 틱과 음성 틱으로도 나눌 수 있다.

1) 틱장애 진단기준(DSM-5)

틱장애 Tic Disorders
진단기준
주의점: 틱은 갑작스럽고 빠르며 반복적이고 비율동적인 동작이나 음성 증상을 말한다. **투렛장애**　　　　　　　　　　　　　　　　　　　　　　　　　　　　307.23(F95.2) A. 여러 가지 운동성 틱과 한 가지 또는 그 이상의 음성 틱이 질병 경과 중 일부 기간 동안 나타난다. 2가지 틱이 반드시 동시에 나타날 필요는 없다. B. 틱 증상은 자주 악화와 완화를 반복하지만 처음 틱이 나타난 시점으로부터 1년 이상 지속된다. C. 18세 이전에 발병한다. D. 장애는 물질(예, 코카인)의 생리적 효과나 다른 의학적 상태(예, 헌팅턴병, 바이러스성 뇌염)로 인한 것이 아니다. **지속성(만성) 운동 또는 음성 틱장애**　　　　　　　　　　　　　　　307.22(F95.1) A. 한 가지 또는 여러 가지의 운동 틱 또는 음성 틱이 장애의 경과 중 일부 기간 동안 존재하지만, 운동 틱과 음성 틱이 모두 나타나지는 않는다. B. 틱 증상은 자주 악화와 완화를 반복하지만 처음 틱이 나타난 시점으로부터 1년 이상 지속된다.

C. 18세 이전에 발병한다.

D. 장애는 물질(예, 코카인)의 생리적 효과나 다른 의학적 상태(예, 헌팅턴병, 바이러스성 뇌염)로 인한 것이 아니다.

E. 투렛장애의 진단기준에 맞지 않아야 한다.

다음의 경우 명시할 것:

　운동 틱만 있는 경우

　음성 틱만 있는 경우

잠정적 틱장애　　　　　　　　　　　　　　　　　　　　　　　　　　307.21(F95.0)

A. 한 가지 또는 다수의 운동 틱 또는 음성 틱이 존재한다.

B. 틱은 처음 틱이 나타난 시점으로부터 1년 미만으로 나타난다.

C. 18세 이전에 발병한다.

D. 장애는 물질(예, 코카인)의 생리적 효과나 다른 의학적 상태(예, 헌팅턴병, 바이러스성 뇌염)로 인한 것이 아니다.

E. 투렛장애나 지속성(만성) 운동 또는 음성 틱장애의 진단기준에 맞지 않아야 한다.

달리 명시된 틱장애

Other Specified Tic Disorder　　　　　　　　　　　　　　　　　　307.20(F95.8)

이 범주는 사회적, 직업적, 또는 다른 중요한 기능 영역에서 임상적으로 현저한 고통이나 손상을 일으키는 틱장애의 특징적인 증상들이 두드러지지만, 주의력결핍 과잉행동장애 또는 신경발달장애의 진단 부류에 속한 장애 중 어느 것에도 완전한 기준을 만족하지 않는 발현 징후들에 적용된다. 달리 명시된 틱장애 범주는 발현 징후가 틱장애 또는 어떤 특정 신경발달장애의 기준에 맞지 않은 특정한 이유에 대해 교감하기 위해 임상의가 선택한 상황들에서 사용된다. 이는 "달리 명시된 주의력결핍 과잉행동장애"를 기록하고, 이어서 특정한 이유(예, "18세 이후에 발병한 경우")를 기록한다.

명시되지 않는 틱장애

Unspecified Tic Disorder　　　　　　　　　　　　　　　　　　　307.20(F95.9)

이 범주는 사회적, 직업적, 또는 다른 중요한 기능 영역에서 임상적으로 현저한 고통이나 손상을 일으키는 틱장애의 특징적인 증상들이 두드러지지만, 틱장애 또는 신경발달장애 진단 부류에 속한 장애 중 어느 것에도 완전한 기준을 만족하지 않는 발현 징후들에 적용된다. 명시되지 않는 틱장애 범주는 기준이 틱장애 또는 특정 신경발달장애의 기준에 맞지 않은 이유를 명시할 수 없다고 임상의가 선택한 상황들에서 사용되며, 좀 더 특정한 진단을 내리기에는 정보가 불충분한 발현 징후들을 포함한다.

2. 틱장애 특성

1) 주요 증상

(1) 운동 틱

단순 운동 틱은 하나 혹은 소수의 근육이 관여하여 눈에 보이는 행동으로 순간적인 눈 깜빡임, 얼굴 찡그리기, 어깨 으쓱거리기 등으로 나타나며, 복합 운동 틱은 여러 근육이 동시에 수축하는 것으로 좀 더 통합적이며 마치 목적을 가지고 하는 행동과 같은 양상을 보인다. 예를 들면 깨물기, 던지기, 펄쩍 뛰어오르기, 저속한 행동(외설적인 행동도 포함) 등이다.

(2) 음성 틱

단순 음성 틱으로는 헛기침 소리, 심한 기침 소리, 가래 뱉는 소리, 휘파람 소리 등이 있고, 복합 음성 틱은 반복적인 단어 사용(예: '아... 글쎄...' '입 닥쳐.'), 말더듬기, 작은 목소리로 투덜거리기, 외설증(사회적으로 용납되지 않는 단어나 문구를 반복적으로 사용하는 것) 등이 있다.

(3) 투렛장애

처음 양상은 얼굴과 목에 나타나고, 시간이 흐르면서 신체 아래로 이동하며, 보다 복잡한 운동으로 발전하기도 한다.

이마나 얼굴 찌푸리기, 눈썹 들어올리기, 눈 깜빡이기, 윙크하기, 코를 찌푸리거나 콧구멍 떨기, 입을 비틀거나 이 드러내기, 입술 깨물기, 아래턱 내밀기, 고개 끄덕이기, 머리 흔들기, 목 비틀기, 곁눈질하기, 고개 돌리기, 손 털기, 손가락 뽑기, 손가락 뒤틀기, 주먹 쥐기, 어깨 들썩이기, 발 물기, 발가락 흔들기, 이상하게 걷기, 몸 뒤틀기, 뛰어오르기, 딸꾹질하기, 한숨 쉬기, 하품하기, 킁킁거리기 등 다양한 행동으로 나타난다.

2) 기타 특성

휴식을 취하거나 어떤 행위에 몰두하고 있을 때는 틱 증상이 호전되며, 수면 중에는 대부분 틱 증상이 현저하게 줄어든다. 전형적으로 악화와 완화를 반복하는 경향이 있다.

(1) 증상 악화 요인

틱을 악화시키는 요인으로 학기 시작, 또래와의 갈등, 학습의 어려움, 피로, 지나친 흥분, 다른 질병, 부모의 이혼 같은 가정불화 등이 있다. 반대로 정신을 집중하거나 갑자기 정신이 드는 등 다른 자극에 반응할 때는 틱이 감소하며, 수면 중에는 상당 부분 줄어든다. 단순한 스트레스 상황에서는 수 분 정도 악화되지만 발달단계에서 겪는 불안과 갈등처럼 비교적 긴 시간 지속되는 스트레스에 대해서는 지속적으로 악화된 소견을 보이기도 한다. 틱은 일시적으로 스스로 억제할 수 있다(집에서만 나타나거나 일부러 틱을 하기도 함).

(2) 동반되는 질환

동반되는 질환으로 강박장애, 주의력결핍 과잉운동장애 등이 있다.

틱과 관련한 강박증상은 더 공격적이거나 성적인 내용에 사로잡히는 경우가 많으며, 물건을 자꾸 모으는 행동, 줄을 맞추거나 순서대로 정렬하는 행동, 만지는 강박행동이 더 많다. 투렛장애와 주의력결핍 과잉행동장애가 동반되는 경우는 투렛장애만 있는 경우에 비해 정서 및 행동 문제는 더 심각하고, 정신병리 패턴은 주의력결핍 과잉행동장애만 갖고 있는 경우와 유사하다.

(3) 정서적 특성

특이한 행동으로 인해 또래관계에서의 어려움이 있으며 놀림감이 되기도 하여 또래관계를 통해 사회적 기술 능력을 향상시키지 못하는 모습을 보이기도 한다. 그리고 틱 증상이 나타날까 봐 불안해하고 긴장되어 있는 모습을 보인다.

틱장애의 발생 요인 중 스트레스적 측면을 보면 대개 만 10세를 전후로 음성 틱이 나타나거나 틱 증상이 심해지는 것을 볼 수 있다. 이는 환경적으로 초등학교 입학 후 3~4학년에 접어들면서 학습량이 증가하고 학습수준이 어려워짐에 따라 스트레스가 증가하기 때문이다.

▌짚고 가기

틱장애의 원인은 뇌의 신경전달 물질인 도파민과 세로토닌의 신경회로 이상으로 보는 신경생물학적 요인과 억압된 분노, 욕구불만, 갑작스러운 환경의 변화와 같은 스트레스와 긴장, 불안감이 누적되어 나타났다고 보는 심리학적인 요인 두 가지로 나누어 생각할 수 있다. 틱장애를 신경생물학적 원인으로 이해할 경우 약물치료가 가장 주된 치료방법이지만, 틱장애를 위한 미술치료에서는 심리학적인 요인에 초점을 맞추어 치료목표를 탐색하고 치료방법을 찾아보고자 한다.

틱장애 아동은 특이한 소리나 행동으로 눈에 띄게 되고, 학교생활에서는 친구들의 놀림이나 따돌림의 대상이 되기도 한다. 그 결과 우울감과 낮은 자존감을 보이고 집중력도 부족하여 학습 능률도 떨어진다. 미술치료는 틱과 관련한 불편함과 괴로움을 경감시키고 틱 증상으로 인한 우울감과 자존감을 향상할 수 있도록 틱을 조절하는 능력을 키우게끔 도움을 주는 역할을 할 수 있다.

또한 틱장애 아동은 언제, 어디서 자신의 틱 증상이 나타날지 모르는 불안감으로 인해 일상 속에서 긴장감이 높아지고, 또 틱 증상에 대한 주위의 반응 때문에 경직되고 스트레스도 많이 받는다. 그래서 미술치료에서는 심리이완을 할 수 있는 통제가 낮은 매체를 활용하고 억합된 불안과 스트레스 발산의 장을 열어 줄 수 있는 활동이 필요하다.

심리적 이완과 함께 틱 증상으로 인해 힘들었던 순간을 털어놓아 자신을 이해받는 과정은 중요하다. 심리치료 상황에서 상담을 받는 내담자는 자신의 어려움을 호소하여 이해받고 지지 받으며 새로운 힘을 얻을 수 있기 때문이다. 또한 자신의 증상을 드러내어 표현하는 외재화 과정을 거쳐 좀 더 객관적으로 증상을 바라봄으로써 틱을 내 몸에 나타난 일부 증상으로 생각하게 되어, '이것만 없어진다면 나는 좋아질 수 있을 것'이라는 생각의 전환도 기대할 수 있기 때문이다.

틱 증상은 자신의 의지대로 조절하기 힘드므로 가족의 이해와 도움이 필요하다.

가정에서도 틱 증상을 이해해 주지 못하여 무조건 그러한 행동은 하지 말라는 식의 강압적인 태도를 취하는 것은 아동에게 스트레스만 가중시킬 뿐 도움이 되지 못한다.

틱 증상은 단순히 아동 한 개인의 문제가 아니며, 그것이 가족 간 관계나 부모의 양육 태도에 기인할 수 있다는 점에서 가족의 도움이 필요하다. 그래서 가족을 이해시키고 도움을 받는 안내 또한 치료의 한 과정이다.

가정에서 지지 받고 존중받은 아동이 또래관계와 사회생활에서도 원만한 관계를 유지하며 자신감 있게 살아갈 수 있듯이, 미술치료를 통해 틱 증상과 상관없이 자신의 존재 그 자체에 대한 가족 구성원의 인정과 존중, 사랑을 경험하고 확인할 수 있다면 틱 증상이 완화될 수 있다는 믿음과 자신감을 가질 수 있을 것이다.

함께 가기

이완과 스트레스 해소

▮목 표

1. 방어가 적은 매체를 통한 심리적 이완을 경험할 수 있다.
2. 미술치료 활동을 통해 스트레스를 해소할 수 있다.

▮단계별 적용

위축과 긴장, 불안이 높은 틱장애 아동을 위한 도입의 단계로 통제력이 낮은 매체를
이용한 미술치료는 이완과 발산의 즐거움을 경험하도록 돕는다. [1단계]에서는 통제
력이 낮은 물감을 이용하여 우연의 효과로 얻을 수 있는 작품으로 잘 그리거나 멋지
게 표현해야 된다는 미술활동에 대한 부담감을 줄였다. [2단계]에서는 그림 솜씨가
없어도 그림을 그리는 자체가 하나의 활동이 되는 액션 페인팅으로 그림에 대한 부
담감을 줄여 줄 수 있다. 그리고 내재된 공격성을 가진 아동의 경우 액션 페인팅을 통
하여 자신의 공격성을 밖으로 표출할 수 있다. [3단계]에서는 틱 증상을 생각하면 떠
오르는 어둡고 답답한 느낌들을 검정색으로 표현한 다음 긁어내어 틱 증상으로 인한
괴로움과 답답함의 해소를 경험할 수 있다. 검정색을 긁어낸 면을 밝은색으로 색칠
하는 과정은 새로운 희망을 표현하는 활동이다.

습식화

▌준비물

소독약(에탄올), 넓은 쟁반, 스포이드 또는 면봉, 도화지, 수채물감, 붓, 물통

▌활동방법

1. 쟁반 위에 도화지를 올려놓고 물을 부은 후 도화지를 물에 충분히 적신다.

2. 젖은 도화지에 자신의 기분, 현재의 상태 등을 수채물감을 이용해 자유롭게 선이나 모양, 색으로 나타낸다.

3. 물감이 마르기 전에 스포이드 또는 면봉으로 에탄올을 그림 위에 떨어뜨리거나 찍는다.

4. 우연의 효과로 만들어진 자신의 작품을 감상하며 나에게 생길 수 있는 기분 좋은 일들을 이야기 나눈다(예: 틱 증상이 한 번도 일어나지 않은 날, 칭찬 받았던 경험).

5. 활동 후 느낀 점에 대해서 이야기 나눈다.

과정 1. 도화지 물에 적시기

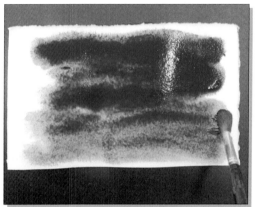

과정 2. 그림 그리기

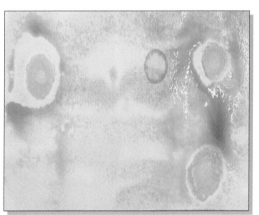

과정 3. 에탄올 떨어뜨리기

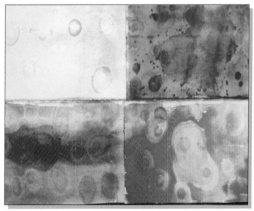

과정 4. 완성 작품

| Tip

희미하고 흐릿하게 빛, 일출, 일몰 등의 효과를 탐구한 화가의 작품을 감상한 후 우연의 효과로 얻어지는 물감 번짐이 자연스러운 효과가 되어 미술작품으로 승화될 수 있다는 것을 알리는 데 도움을 줄 수 있다.

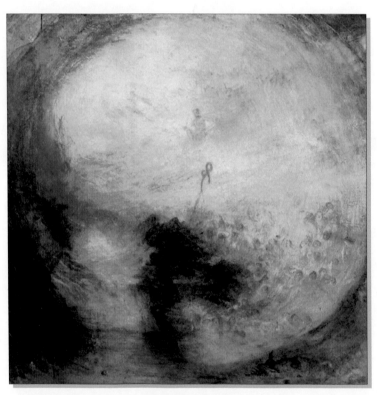

예시. 참고 작품:
윌리엄 터너(William Turner)의
〈대홍수 후의 아침(The Morning after the Deluge)〉

2
단
계

액션 페인팅

█ 준비물

화장솜, 전지, 사진 〈잭슨 폴락의 액션 페인팅 모습〉, 명화 〈No. 6〉, 신문지, 접시 또
는 그릇(물감을 담을 수 있는 용도), 수채물감, 테이프

█ 활동방법

1. 액션 페인팅(action painting) 작가 잭슨 폴락(Jackson Pollock)의 No. 6 작품과 화가
   의 그림 그리는 모습을 찍은 사진을 감상한다(Tip 참조).
2. 접시나 그릇에 화장솜을 담고 다양한 색의 물감을 짜고 바닥에 전지를 펼쳐 두고
   테이프로 고정시킨다.
3. 행위 자체도 작품 활동의 한 과정임을 인식하고 화가가 되어 물감이 묻은 화장솜
   을 바닥에 깔아 놓은 전지에 던진다.
4. 원하는 만큼 신나게 화장솜을 던져 작품을 완성한다.
5. 화장솜을 던지면서 떠오르는 일이나 완성된 작품을 보며 떠오르는 것들을 찾아 이
   야기 나누고, 느낀 점에 대해서 이야기 나눈다.

과정 1. 그릇에 화장솜 담고 물감 짜기

과정 2. 바닥에 전지 펼치고 테이프로 고정하기

과정 3. 전지 위에 화장솜 던지기

과정 4. 완성 작품

▌Tip

잭슨 폴락의 액션 페인팅과 작품

예시 1. 참고 사진:
잭슨 폴락(Jackson Pollock)의 액션 페인팅(action painting)

예시 2. 참고 작품:
잭슨 폴락(Jackson Pollock)의 〈No.6〉

긁어내기

▌준비물

OHP필름, 이쑤시개 또는 포크, 검정색 아크릴 물감, 붓, 유성매직

▌활동방법

1. 틱 증상으로 인하여 느끼는 부정적인 감정들을 떠올리며 느껴지는 감정들을 이야
   기 나눈다.

2. OHP필름 위에 증상으로 상징되는 검정색 아크릴 물감을 짜서 붓으로 전체를 색칠
   한다.

3. 아크릴 물감이 완전히 마르기 전 이쑤시개 또는 포크로 긁어서 다양한 선을 긁어
   보고 낙서를 하거나 그림을 그려 나타낸다.

4. 그림을 그리다 마음에 들지 않으면 다시 검정색 아크릴 물감을 색칠하여 수정하여
   그릴 수도 있다.

5. 물감이 마르면 OHP필름을 뒤집어서 이쑤시개나 포크로 긁어낸 투명한 부분은 유
   성매직으로 색칠한다.

6. 활동을 하면서 느낀 점과 증상을 상징하는 검정색을 긁어내고 다른 색으로 색칠해
   서 완성한 작품을 보고 떠오르는 생각과 느낌을 나눈다.

과정 1. OHP필름 위에 검정색 물감으로 색칠하기

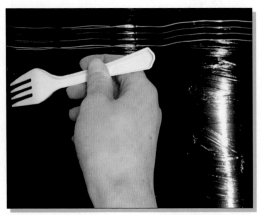

과정 2. 포크나 이쑤시개로 긁어서 그림 그리기

과정 3. 그림 수정해 보기

과정 4. 긁어서 그림 완성하기

과정 5. OHP필름을 뒤집어서 긁어진 부분 색칠하기

과정 6. 완성 작품

┃Tip

원하는 색을 모두 짜서 한 붓으로만 색칠하여 모든 색을 섞음으로써 검정색을 만드는 방법도 있다. 이러한 과정은 스트레스 완화와 이완에 좀 더 도움을 줄 것이다.

2

신체상과 증상 표현

┃목표

1. 틱 증상을 숨기지 않고 솔직하게 표현할 수 있다.
2. 틱 증상을 외현화하여 자신과 분리하여 생각할 수 있다.

┃단계별 적용

증상 완화의 첫걸음은 자신의 증상을 인정하는 데 있다. 자신을 힘들게 하고 때로는 곤란한 상황에 놓이게 하는 장애를 직면한다는 것은 힘든 작업이 될 수 있다. [1단계]는 사포 위에 크레파스로 그림을 그려 표현하는 활동으로, 크레파스의 부드러움과 사포에 나타난 선명한 발색으로 미술치료에서 자주 사용하는 작업 중 하나다. 자신의 증상을 모양과 색으로 나타내는 작업이 아동에게는 다소 어려운 작업이 될 수 있지만, 모양과 색이 주는 의미는 아동이 인식하고 있는 자신의 증상에 대한 느낌을 이미지화한 것이 될 수 있다. [2단계]에서는 틱 증상을 직면시키기 위해 자신의 증상을 정확하게 표현하는 활동으로 증상의 정도를 색으로 높이와 깊이를 나타내어 구체적으로 표현한다. [3단계]는 있는 모습이 그대로 비춰지는 은박지의 특성을 이용하여 자신의 모습을 있는 그대로 바라볼 수 있는 활동이다. 틱장애를 가지고 있지만 자신에게는 또 다른 멋진 모습이 존재하며 매니큐어로 표시되는 틱장애는 자신에게 붙은 어떠한 것일 뿐이라는 의미를 부여하고 틱 증상을 외현화하여 바라볼 수 있도록 한다.

증상 부위도

▌준비물

명화 〈아델레 블로흐-바우어의 초상〉, 사포, 크레파스

▌활동방법

1. 자신의 틱 증상에 대해서 이야기 나눈다.

2. 인물을 그릴 때 다양한 모양으로 장식을 많이 한 클림트(Klimt)의 작품을 감상한다 (자신의 틱 증상을 표현하는 데 어려움이 없는 아동은 클림트의 작품을 감상하지 않고도 활동할 수 있다).

3. 자신의 틱 증상이 나타나는 부위를 다양한 모양과 색으로 표현할 수 있는 방법을 생각한다.

4. 사포 위에 자신의 신체를 표현하는 신체상을 크레파스로 그린다.

5. 신체상 안에 자신의 틱 증상의 부위를 클림트의 작품처럼 다양한 모양과 색으로 꾸민다.

6. 완성 후 작품에 나타난 모양과 색을 선택한 이유를 이야기 나눈다.

7. 완성된 증상 부위도를 보며 어떠한 생각과 느낌이 드는지 이야기 나눈다.

8. 자신의 틱 증상을 솔직하게 표현한 아동을 격려한다.

과정 1. 구스타프 클림트(Gustav Klimt)의
〈아델레 블로흐-바우어의 초상(Portrait of Adele
Bloch-Bauer)〉 무늬 관찰하기

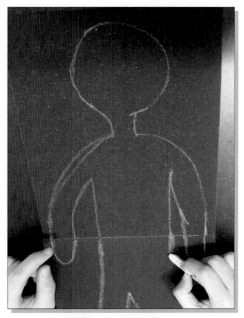

과정 2. 신체상 그리기

과정 3. 신체상 내부 꾸미기

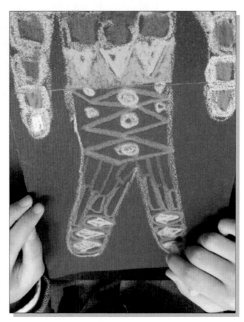

과정 4. 틱 증상을 모양과 색으로 꾸미기

사례 틱장애, 고등1, 남학생

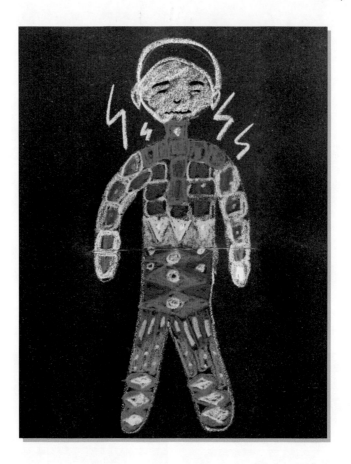

음성 틱으로 이상한 소리(예: 음… 우웩…)를 내어 방해가 되는 일이 많고, 특히 친구들과 함께 있을 때 이러한 소리를 내면 부끄러워서 빨개지는 자신의 모습을 떠올리며 증상 부위를 빨간색으로 나타내었다. 증상을 네모 모양으로 나타낸 이유는 잘 쌓아진 벽돌처럼 절대 무너지지도 않고 튼튼히 있을 것 같아서 라고 한다.

▎Tip

1. 은박지 위에 유성매직으로 그림을 그려도 사포에 그린 것과 같이 선명한 발색을 나타내어 활동에 대한 흥미와 작품의 완성도를 높일 수도 있다.

2. 신체상 그리기가 어려운 아동의 경우 관절 인형, 신체상 도안 등을 이용하여 틱 증상 부위에 스티커를 붙여서 표현할 수도 있다.

얼굴 지도

준비물

지도, 가면 틀, 찰흙칼, 클레이, A4용지, 사인펜

활동방법

1. 지도를 보여 주고 지도는 색깔로 높이가, 기호로 건물이, 선으로 도로나 경계가 표시된다는 것을 설명하고 지도를 함께 관찰한다.

2. 틱 증상이 언제, 어떤 신체 부위에, 어떤 강도로 나타나는지 자신의 틱 증상에 대해서 이야기 나눈다.

3. A4용지에 가면 틀을 본떠 그린 후 높낮이에 따라 색으로 표현되는 지도의 등고선처럼 틱 증상이 나타나는 부위와 강도를 그린다.

4. A4용지에 그린 등고선을 참고하여 가면 틀 위에 틱 증상이 심한 부위를 클레이를 이용하여 색으로 정도를 나타낸다.

5. 틱 증상 부위를 나타낸 후 틱 증상이 나타나지 않는 부위도 클레이를 붙여 가면을 꾸민다.

6. 클레이를 붙인 가면 위에 지도의 기호처럼 찰흙칼을 이용하여 무늬나 기호로 꾸민다.

7. 가면을 만들면서 떠오르는 생각이나 증상으로 인해 힘들었던 점을 이야기한다.

8. 활동 후 느낀 점에 대해서 이야기 나눈다.

과정 1. 등고선으로 증상 부위 그리기

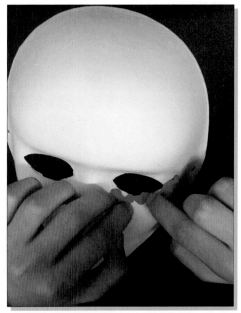

과정 2. 증상 부위부터 클레이 붙이기

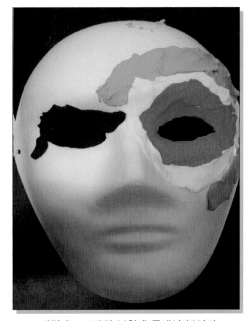

과정 3. 그 밖의 부위에 클레이 붙이기

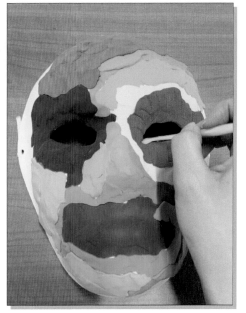

과정 4. 찰흙칼로 꾸미기

사례   틱장애, 고등1, 남학생

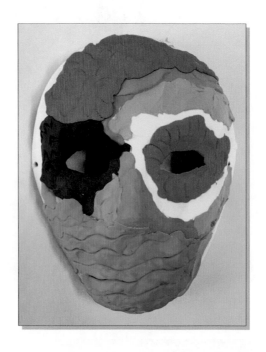

눈을 깜박거리는 틱 증상이 있는 남학생이다. 눈 부위에 붉은색과 갈색을 사용하고 뾰족한 선으로 얼굴 지
도를 만들었다. 머릿속에서는 화산이 폭발하는 기분을 느낀다고 표현하여 눈과 머리 부분을 붉은색과 갈색
으로 나타내었다. 틱 증상이 나타나지 않는 부위는 야단을 맞거나 친구들이 놀리면 아무 말도 못하고 위축
되어 차가운 바다와 같다고 하여 파란색으로 나타내고 물결 모양을 만들었다.

▌Tip

지도의 등고선을 모를 경우 실제 지도를 제시하여 이해를 돕는다.

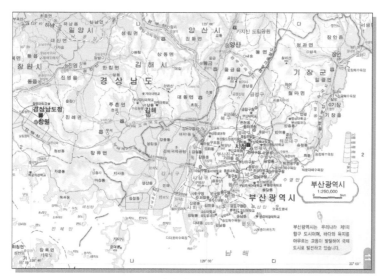

예시. 참고 사진

신체 모빌

▌준비물

은박 도시락(은박지), 막대, 매니큐어, 낚싯줄, 압정, 자세를 취한 사진, 가위, 풀

▌활동방법

1. 평소에 자신의 모습을 떠올리며 즐겁고 기쁠 때의 모습을 이야기 나눈다.

2. 떠올린 자신의 모습을 생각하며 자세를 취하고 사진을 찍는다.

3. 사진은 좌우 반전이 되도록 출력하여 사진 위에 실루엣을 따라 그린 후 오린다.

4. 은박지 뒷면에 아동의 사진을 붙이고 은박지를 오린다.

5. 은박지의 앞면에 매니큐어로 틱 증상이 나타나는 부위에 모양을 그리거나 채색을 하여 표시한다.

6. 은박지 윗부분에 낚싯줄을 끼울 수 있도록 압정으로 구멍을 뚫는다.

7. 오린 은박지를 낚싯줄을 이용하여 모빌을 만든다.

8. 눈에 띄는 틱 증상으로 어려움을 겪고 있지만 은박지처럼 아름답게 빛날 수 있다는 메시지를 느낄 수 있도록 치료사와 이야기 나눈다.

9. 활동 후 느낀 점에 대해서 이야기 나눈다.

과정 1. 사진 출력

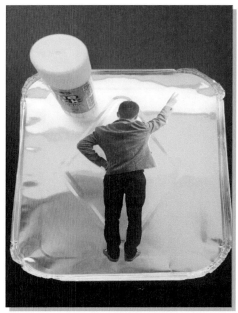

과정 2. 은박지에 붙이기

과정 3-1. 오리기(앞모습)

과정 3-2. 오리기(뒷모습)

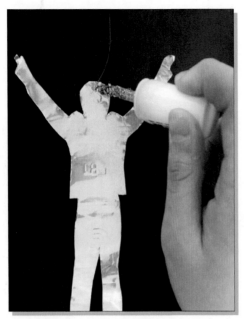

과정 4. 매니큐어로 틱 증상 부위 표시하기

과정 5. 압정으로 구멍 뚫기

과정 6. 막대에 연결하기

과정 7. 완성 작품

사례

다양한 각도에서 본 모빌 모습

틱 증상으로 인하여 항상 위축되고 자신감 없어 보인다는 이야기를 많이 듣는 남학생으로 포즈를 취할 때도 매우 쑥스러워하였다. 사진을 여러 장 찍으면서 "멋있다." "즐거워 보인다."라는 이야기를 듣자 점점 다양한 포즈를 보이며 밝은 모습을 보였다.
자신의 사진이 들어간 모빌을 보고 더욱 즐거워하였으며 평소에도 밝은 표정을 보여야겠다고 이야기하였다.

117

▌Tip

다양한 자세의 예

증상 해소를 위한 탐색

▌목 표

1. 틱 증상이 완화되기 위한 방법을 모색할 수 있다.
2. 자신의 긍정적인 면을 인식하고 새로운 강점을 탐색할 수 있다.

▌단계별 적용

틱 증상으로 인해 낮아진 자존감과 좌절감에서 벗어날 수 있도록 인지의 재구조화가
필요하다. [1단계]는 퍼즐을 이용하여 퍼즐판 안에 부정적인 이미지를 그리고, 그 위
에 퍼즐을 맞춰서 퍼즐 위에는 긍정적인 이미지를 그리는 활동이다. [2단계]에서는
사인펜이 여과지를 통하여 색소가 분리된 모습을 보며 하나의 점으로 시작한 색깔
속에 다양한 색이 섞여 있는 모습을 관찰한다. 자신의 모습에는 틱 증상만 있는 것이
아니라 다양한 모습이 있음을 느낄 수 있는 활동으로 자신의 긍정적인 면을 부각하
고 자신의 새로운 모습도 모색하는 활동이다. [3단계]는 자신에게 일어나는 일들의
반대되는 상황을 생각해 봄으로써 증상의 완화에 대한 기대감을 느껴 보고, 그렇게
되기 위한 노력과 주변 사람들에게 받을 수 있는 도움을 모색해 보는 시간을 가지는
활동이다.

희망 퍼즐

▌준비물

빈 퍼즐판, 사인펜, 색연필, 연필, 지우개

▌활동방법

1. 직접 꾸밀 수 있는 빈 퍼즐판을 보며 퍼즐을 맞춰 본 경험에 대해 이야기 나눈다.

2. 퍼즐 조각을 빼내고 퍼즐판 안에 틱 증상으로 인해 생기는 여러 가지 부정적인 경험 중 하나를 그리고 색칠한다.

3. 그린 그림 위에 퍼즐 조각을 맞추고 퍼즐판 안의 부정적 경험이 덮어지는 것을 경험한다.

4. 다 맞춰진 퍼즐 위를 보며 틱 증상이 사라졌을 때 일어날 수 있는 기분 좋은 상황을 그리고 색칠한다.

5. 퍼즐 조각 하나하나를 맞추는 것처럼 틱 증상도 한 번에 좋아지는 것이 아니므로, 내가 할 수 있는 작은 노력들은 어떤 것인지 찾는다.

6. 활동 후 느낀 점에 대해서 이야기 나눈다.

과정 1. 퍼즐판 안에 그림 그리기

과정 2. 퍼즐 맞춰서 부정적 경험 덮기

과정 3. 퍼즐 위 그림 그리기

과정 4. 퍼즐 맞추며 원하는 상황으로 만들기

사례   틱장애, 초등6, 남학생

퍼즐 내부 그림   퍼즐 외부 그림

틱 증상으로 친구들에게 놀림을 받고 있는 모습을 퍼즐 내부에 그렸으며, 퍼즐 위에는 친구가 나에게 놀린 것을 사과하여 친해지는 모습을 상상하여 그렸다.

❚ Tip

1. 아동의 수준에 따라 퍼즐 조각의 개수를 다양하게 할 수도 있다.

2. 평소 자신이 틱 증상을 덮거나 감추기 위해 자주 사용하는 방법이나 행동에는 어떤 것이 있는지 탐색하는 작업도 필요하다. 이러한 과정은 아동의 행동양식을 이해하는 데 도움이 되기 때문이다.

3. 틱 증상 완화를 위해 할 수 있는 노력들을 찾아본 후 실제로 실천하기 위해 구체적 행동으로 연습하는 과정이 필요하다(예: "친구들과 친하게 지낸다. → 친구를 만나면 내가 먼저 '안녕.' 이라고 인사한다." 로 구체적으로 표현하기).

크로마토그래피

┃ 준비물
꽃다발을 만들 때 사용하는 포장지, 여과지, 종이컵, 물, 사인펜

┃ 활동방법

1. 크로마토그래피가 무엇인지 알아보고 크로마토그래피로 색소가 분리된 사진도 보여 주며 자신에게도 겉으로 보이는 모습과 내면의 다양한 모습과 생각들이 있음을 이야기 나눈다.

2. 크로마토그래피가 무엇인지 이해한 후 여과지를 여러 방향으로 접는다.

3. 접은 여과지를 펴서 여과지의 가운데에 사인펜으로 점을 찍는다.

4. 점이 찍힌 여과지를 물이 담긴 종이컵에 넣는다.

5. 여과지의 가장자리까지 색소가 분리될 때까지 기다린다.

6. 위와 같은 방법으로 색소가 분리된 여과지를 여러 장 만든다.

7. 색소가 분리된 여과지를 모아 연상되는 것을 만든다.

8. 활동 후 색소가 분리된 여과지를 보면서 자신에게도 겉으로 보이는 틱 증상 외의 긍정적인 또 다른 모습을 찾아 이야기 나눈다.

과정 1. 여과지 접기

과정 2. 사인펜으로 색칠하기

과정 3. 물에 담그기

과정 4. 빨간색 크로마토그래피

사례   틱장애, 초등3, 남학생

사례 1-1. 꽃다발의 꽃을 분리   사례 1-2. 꽃다발로 완성된 모습

선물 받은 비누꽃 꽃다발을 이용하여 꽃다발을 만들었다. 증상으로 상징된 사인펜의 점이 여과지를 통과하여 옅어지고 아름다워지는 과정을 지켜보며 자신의 틱 증상도 완화될 수 있다는 자신감이 생겼다고 하였다. 여과지를 통해 색소가 분리되어 새로운 모습이 된 종이를 보며 꽃처럼 보인다고 하여 꽃다발로 꾸민 후, 꽃다발은 축하받을 때 받는 것으로 자신에게 축하받을 만한 기쁜 일이 생겼으면 좋겠다고 이야기하였다.

▌Tip

1. 크로마토그래피(chromatography)는 검은 수성 사인펜으로 점을 찍은 후 수직으로 세워 놓고 아랫부분이 물에 잠기도록 하면 물이 종이를 따라 올라가면서 사인펜 속의 색소가 분리되는 기법이다. 이때 종이처럼 고정되어 있는 물질을 정지상이라 하며, 물과 같이 위로 이동하는 물질을 이동상이라 한다. 색소들은 저마다 물을 따라 올라가는 속도가 달라 분리가 가능하다(네이버 두산백과).

2. 크로마토그래피로 색소를 분리할 때 두 가지 이상의 색이 섞인 사인펜(예: 검정, 초록, 보라)이 색소 분리가 더 잘 된다.

3. 여과지를 종이컵에 담글 때 여과지의 사인펜을 찍은 가운데 부분이 살짝 잠길 정도로만 물을 부어 준다(물의 양이 많으면 여과지에 물의 흡수가 빨라져 색소 분리가 잘 되지 않는다).

4. 여과지에 사인펜으로 색칠을 할 때 다음과 같은 방법으로 하면 크로마토그래피의 다양한 효과를 기대할 수 있다.

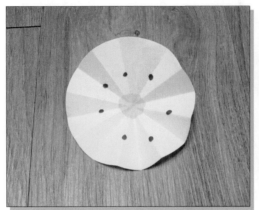

예시 1-1. 접힌 부분에 다른 색으로 점 찍기

예시 1-2. 물을 흡수하여 색소가 분리된 모습

예시 2-1. 다양한 색으로 색칠하기

예시 2-2. 물을 흡수하여 색소가 분리된 모습

컬러 필터링

▌준비물

빨간색 셀로판지, A4용지, 사인펜(검정, 빨강)

▌활동방법

1. 틱 증상으로 인해 겪었던 부정적인 경험 3가지를 생각한 후 A4용지를 가로로 3등
   분한다.
2. 틱 증상으로 인해 겪었던 부정적인 경험은 빨간색 사인펜으로 A4용지 왼쪽에 그
   린다.
3. 같은 칸에 부정적인 경험과 반대되는 자신이 바라는 모습은 검정색 사인펜으로 오
   른쪽에 그린다.
4. 빨간색 셀로판지를 그림 그린 종이 위에 올린다.
5. 필터가 된 빨간색 셀로판지처럼 부정적인 경험의 그림이 나타나지 않고 자신이 바
   라는 모습만 나타난 그림을 보며 어떠한 생각이 드는지 이야기 나눈다.
6. 자신이 바라는 모습으로 변화되기 위한 노력과 받고 싶은 도움을 생각한다.
7. 활동 후 느낀 점에 대해서 이야기 나눈다.

과정 1. 빨간색으로 왼쪽에 부정적 경험 그리기

과정 2. 검정색으로 오른쪽에 반대되는 상황 그리기

과정 3. 셀로판지로 그림을 필터링하기

과정 4. 완성 작품

사례

그림의 내용을 살펴보면 이 학생은 평소 틱 증상으로 친구들에게 놀림 받는 상황에서 함께 숨바꼭질을 하며 놀고 싶은 소망을 표현하였다. 집중이 잘 안 되어 공부가 어려운 상황에서 집중을 잘하여 성적이 향상되었으면 좋겠다는 소망을 표현하였다. 또한 친구들이 자신의 행동을 보고 놀리고 때렸는데 나에게 사과를 했으면 좋겠다는 세 가지의 소망을 그림으로 나타내었다. 부정적인 상황이 셀로판지로 가려진 모습을 보며 실제로도 이와 같은 변화가 생긴다면 좋을 것 같다고 소감을 말하였다.

❙Tip

1. 그리고자 하는 내용이 많으면 칸 수를 늘려서도 그릴 수 있으며 다양한 색의 셀로 판지로 그림을 꾸밀 수 있다.

2. 아동이 좋아하는 색으로 셀로판지를 정하여 셀로판지와 같은 색 사인펜으로도 그림을 그려 볼 수 있다.

4

새롭게 다시 태어나기

▌목 표

1. 자신의 긍정적인 면을 발견하여 틱장애를 극복할 수 있다.
2. 바느질 활동을 통하여 심리적인 안정감과 집중력을 향상할 수 있다.

▌단계별 적용

여기서는 재활용품과 바느질을 이용한 활동으로 재활용품은 재료가 가지는 재탄생이라는 의미를 주고, 바느질은 심리적인 안정감과 집중력을 줄 수 있다. [1단계]는 재활용품을 활용하여 끈을 엮어서 나의 증상들은 걸러 내어 보다 멋진 나로 재탄생시켜 줄 드림 캐처를 만드는 활동이다. [2단계]는 재활용품을 다시 쓸모 있고 아름답게 꾸미면서 나 자신도 새롭게 다시 태어날 수 있다는 희망과 새롭게 다시 시작해 볼 수 있다는 용기를 줄 수 있는 활동이다. 재활용 용기에 바느질을 하는 활동으로 과거에는 어려움이 많았지만 현재는 노력의 결과로 잘할 수 있게 된 것을 찾아 자신의 가능성을 생각해 볼 수 있다. [3단계]에서는 틱 증상 완화에 대한 기대감과 증상을 극복할 수 있다는 자신감을 심어 준다. 자수가 놓인 앞면은 뒷면의 복잡하게 오고 간 바느질 작업을 통해 만들어지는 것처럼, 틱 증상도 노력을 통해 완화될 수 있다고 인식하게 하는 활동이다.

드림 캐처

▌준비물

플라스틱 일회용 컵(아이스 음료 테이크 아웃 컵), 비즈, 끈(가죽끈), 털실, 가위

▌활동방법

1. 치료사는 아동이 드림 캐처를 알고 있는지 이야기 나누고, 다양한 드림 캐처의 사진을 보여 주며 드림 캐처가 가지는 의미를 설명한다.
2. 플라스틱 일회용 컵의 윗부분을 1cm가량의 두께로 동그란 모양이 나오게 자른다. 만약 칼을 사용하여 자를 경우 치료사가 잘라 준다.
3. 둥근 테두리만 남은 일회용 컵을 가죽끈으로 감는다.
4. 가죽끈으로 감싼 둥근 테두리의 가운데를 털실로 엮는다.
5. 털실로 엮은 뒤 주변을 장식할 수 있는 비즈 등을 이용하여 만들어서 꾸며 준다.
6. 나쁜 증상들이 모두 걸러지면 어떠할 것 같은지 틱 증상이 완화되었을 때와 연관하여 이야기 나눈다.
7. 활동 후 느낀 점에 대해서 이야기 나눈다.

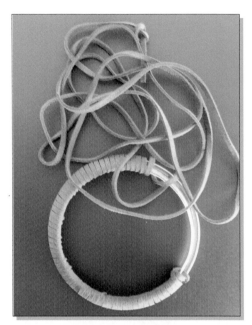

과정 1. 가죽끈으로 감기

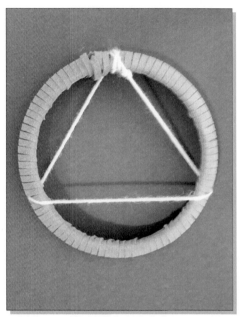

과정 2. 털실로 모양 만들기

과정 3. 털실로 별 모양 만들기

과정 4. 비즈 장식하기

완성 작품   창가에 걸어서 장식하기

▌Tip

1. 드림 캐처(dream catcher)는 아메리카 인디언에 전해지는 고리를 기본으로 한 수제 장식이다. 거미집 모양의 성긴 그물이 내장된 깃털과 구슬 등 독특한 신성한 소품으로 장식되어 있다. 전통적으로 버드나무에서 만들어진다. 지니고 있으면 좋은 꿈을 꾼다고 한다(위키 백과).

참고 사진 1. 드림 캐처[1]

참고 사진 2. 드림 캐처[2]

2. 둥근 테두리를 감는 끈은 감았을 때 미끄럽지 않고 고정이 잘되는 끈을 사용하고, 가죽끈 이외에도 다양한 재질의 털실을 이용하여 만들 수 있다.

---

1) http://sun0h.blog.me/70185129432
2) http://blog.naver.com/six0630/220145205706

스티로폼 자수

▌준비물

네모 모양 스티로폼 용기, 바늘, 실, 유성매직, 가위

▌활동방법

1. 지금은 잘할 수 있지만 과거에는 어려웠던 것에는 어떤 것들이 있는지 이야기 나눈다.
2. 활동방법 1에서 이야기 나눈 것 중 한 가지를 형상화하여 스티로폼 용기에 유성매직으로 밑그림을 그린다.
3. 차근차근 노력해 온 순간들을 떠올리며 한 땀 한 땀 바느질을 하여 밑그림의 그림을 바느질한다.
4. 바느질한 그림을 유성매직으로 색칠하여 꾸민다.
5. 완성 후 자신이 만든 작품을 감상하며 활동 중 떠오른 생각과 완성 후의 느낌을 치료사와 이야기 나눈다.
6. 자신의 가능성, 지금은 힘들지만 그럼에도 새롭게 태어날 자신의 모습과 틱 증상을 완화할 수 있는 노력들을 모색해 보며 이야기를 마무리한다.

과정 1. 밑그림 그리기

과정 2. 밑그림 따라 바느질하기

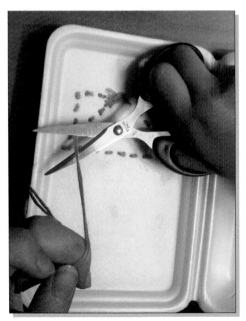

과정 3. 바느질 마무리하기

과정 4. 유성매직으로 색칠하기

사례 틱장애, 중등3, 여학생

공부를 할 때 집중력이 향상된다고 하여 바둑을 시작하였지만 어려워서 힘들었는데, 계속 하다 보니 바둑이 재미있어지고 집중력도 향상되어 성적도 좋아졌다. 바둑을 처음 배울 때 바둑돌로 완전하게 둘러싸여 있어서 안쪽에 더 이상의 바둑알을 놓을 수 없는 집을 만드는 것이 가장 중요하고 기초가 되었던 기억이 나서, 바둑을 상징하는 집을 그리고 바느질하였다.

▌Tip

1. 바느질을 어려워할 경우 밑그림의 선을 따라 이쑤시개 또는 송곳 등 끝이 뾰족한
   도구로 구멍을 뚫어 실이 들어갈 구멍을 만들어 주면 쉽게 바느질할 수 있다.

2. 바느질을 할 줄 모르는 아동의 경우 실꿰기 교구로 바느질을 연습하거나 십자수
   원단을 이용하여 바느질을 해 볼 수 있다.

예시 1. 실꿰기 교구 활용

예시 2. 십자수 원단에 바느질하기

EVA폼 자수

▌준비물

EVA폼, 색실, 돗바늘, 볼펜, 가위

▌활동방법

1. 틱 증상 완화를 위해 자신이 하였던 노력들을 떠올리고 좋아진 점을 이야기 나눈다.

2. EVA폼 위에 자수를 놓기 위해 볼펜으로 자신의 노력으로 상징되는 것을 밑그림으로 그린다.

3. 밑그림을 따라 자수를 놓는다.

4. 완성 후 자수 놓은 그림의 앞면과 뒷면을 관찰하여 앞면과 뒷면의 다른 점을 찾는다. 앞면은 그린 모양을 따라 자수가 놓아져 있지만 뒷면은 실이 오고 간 복잡한 선으로 이뤄진 모습을 발견할 수 있도록 한다.

5. 앞면처럼 알아볼 수 있는 모양을 나타내기 위해서는 뒷면의 복잡한 선의 오고 감이 있어야 가능함을 이야기 나눈다.

6. 나에게 있어서 자수의 앞면과 뒷면과 같은 모습은 어떤 모습인지 이야기 나눈다.

7. 활동 후 느낀 점에 대해서 이야기 나눈다.

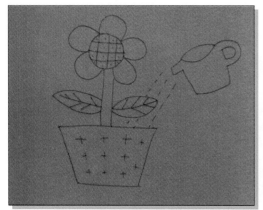

과정 1. 밑그림 그리기

과정 2-1. 밑그림 따라 바느질하기

과정 2-2. 밑그림 따라 바느질하기

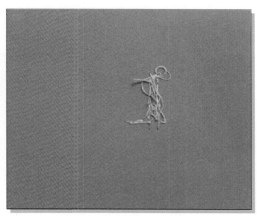

과정 3. 뒷면의 바느질 선 확인하기

완성 작품 1-1. 앞면

완성 작품 1-2. 뒷면

▌Tip

1. EVA(Ethylene-Vinyl Acetate Copolymer)는 EVA폼이라는 이름으로 사용되고 있다. 모양펀치나 가위로 가공이 쉬워 다양한 용도로 사용이 가능하여 학습교재 및 교구 제작에 사용되고 있는 매체다. 부드럽고 유연성이 뛰어나며, 내부 충격에 강하고 흡수가 뛰어난 소재로 원래는 신발의 바닥에 사용되어 충격을 흡수해 주는 역할을 하는 제품이다.
   스펀지보다 딱딱하고, 인체에 무해하며, 친환경적인 소재라 PVC를 대체할 소재로 주목받고 있다.[3]

2. 돗바늘은 끝이 일반 바늘처럼 뾰족하지 않아 아동들이 사용하기에 안전하여 바느질이 익숙지 않은 아동들이 사용하기 좋다.

3. 바느질을 할 때에는 털실, 두꺼운 면사 등 다양한 두께의 실을 사용할 수도 있다.

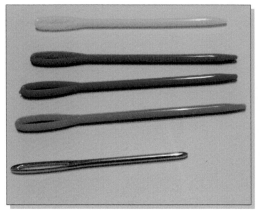

예시 1. 돗바늘

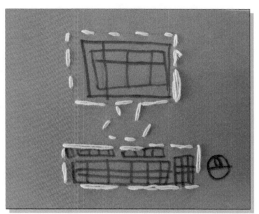

예시 2. 털실을 이용한 자수

3) http://terms.naver.com/entry.nhn?docId=2420321&cid=51399&categoryId=51399

학습장애

학습장애와 만나는 7월, 8월, 9월

알고 가기

짚고 가기

함께 가기

▍알고 가기

1. 학습장애(Learning Disorder) 정의

학습장애는 평균 범위의 지적 기능을 가지고 있으면서도 특정 학습 영역에서 심각한 장애를 보이는 아동을 의미한다.

1) 「장애인 등에 대한 특수교육법」

「장애인 등에 대한 특수교육법」에서는 학습장애를 지닌 특수교육대상자를 '개인의 내적 요인으로 인하여 듣기, 말하기, 주의집중, 지각(知覺), 기억, 문제 해결 등의 학습기능이나 읽기, 쓰기, 수학 등 학업성취 영역에서 현저하게 어려움이 있는 사람'으로 규정하고 있다.

2) 학습장애 진단기준(DSM-5)

특정학습장애 Specific Learning Disorder
진단기준
A. 학습 기술을 배우고 사용하는 데 있어서의 어려움. 이러한 어려움에 대한 적절한 개입을 제공함에도 불구하고 아래에 열거된 증상 중 적어도 한 가지 이상이 최소 6개월 이상 지속된다. 　1. 부정확하거나 느리고 힘겨운 단어 읽기(예, 단어를 부정확하거나 느리며 더듬더듬 소리 내어 읽기, 자주 추측하며 읽기, 단어를 소리 내어 읽는 데 어려움이 있음) 　2. 읽은 것의 의미를 이해하기 어려움(예, 본문을 정확하게 읽을 수 있으나 읽은 내용의 순서,

관계, 추론 또는 깊은 의미를 이해하지 못함)

3. 철자법의 어려움(예, 자음이나 모음을 추가하거나 생략 또는 대치하기도 함)

4. 쓰기의 어려움(예, 한 문장 안에서 다양한 문법적·구두점 오류, 문단 구성이 엉성함, 생각을 글로 표현하는 데 있어 명료성이 부족함)

5. 수 감각, 단순 연산값 암기 또는 연산 절차의 어려움(예, 숫자의 의미, 수의 크기나 관계에 대한 빈약한 이해, 한 자리 수 덧셈을 할 때 또래들처럼 단순 연산값에 대한 기억력을 이용하지 않고 손가락을 사용함, 연산을 하다가 진행이 안 되거나 연산 과정을 바꿔 버리기도 함)

6. 수학적 추론의 어려움(예, 양적 문제를 풀기 위해 수학적 개념, 암기된 연산값 또는 수식을 적용하는 데 심각한 어려움이 있음)

B. 보유한 학습 기술이 개별적으로 실시한 표준화된 성취도 검사와 종합적인 임상 평가를 통해 생활연령에 기대되는 수준보다 현저하게 양적으로 낮으며, 학업적·직업적 수행이나 일상생활의 활동을 현저하게 방해한다는 것이 확인되어야 한다. 17세 이상인 경우 학습의 어려움에 대한 과거 병력이 표준화된 평가를 대신할 수 있다.

C. 학습의 어려움은 학령기에 시작되나 해당 학습 기술을 요구하는 정도가 개인의 능력을 넘어서는 시기가 되어야 분명히 드러날 수도 있다(예, 주어진 시간 안에 시험 보기, 길고 복잡한 리포트를 촉박한 마감 기한 내에 읽고 쓰기, 과중한 학업 부담).

D. 학습의 어려움은 지적장애, 교정되지 않은 시력이나 청력 문제, 다른 정신적 또는 신경학적 장애, 정신사회적 불행, 학습 지도사가 해당 언어에 능숙하지 못한 경우, 불충분한 교육적 지도로 더 잘 설명되지 않는다.

주의점: 4가지의 진단 항목은 개인의 과거력(발달력, 의학적 병력, 가족력, 교육력), 학교의 보고와 심리교육적 평가 결과를 임상적으로 통합하여 판단한다.

부호화 시 주의점: 손상된 모든 학업 영역과 보조 기술에 대해 세부화할 것. 한 가지 이상의 영역에 손상이 있는 경우 다음의 세부 진단에 따라 개별적으로 부호화할 것

다음의 경우 명시할 것:

315.00(F81.0) 읽기 손상 동반:

단어 읽기 정확도

읽기 속도 또는 유창성

독해력

주의점: 난독증(dyslexia)은 정확하거나 유창한 단어 인지의 어려움. 해독 및 철자 능력의

부진을 특징으로 하는 학습장애의 한 종류를 일컫는 또 다른 용어. 이러한 특정한 패턴의 어려움을 난독증이라고 명명한다면, 독해나 수학적 추론과 같은 부수적인 어려움이 동반되었는지 살펴보고 명시하는 것이 중요하다.

315.2(F81.81) 쓰기 손상 동반:

철자 정확도

문법과 구두점 정확도

작문의 명료도와 구조화

315.1(F81.2) 수학 손상 동반:

수 감각

단순 연산값의 암기

계산의 정확도 또는 유창성

수학적 추론의 정확도

주의점: 난산증(dyscalculia)은 숫자 정보 처리, 단순 연산값의 암기와 계산의 정확도와 유창도 문제의 어려움을 특징으로 하는 또 다른 용어다. 만일 이러한 특수한 패턴의 수학적 어려움을 난산증으로 명명한다면, 수학적 추론이나 단어 추론의 정확성과 같은 부수적인 어려움이 동반되었는지 살펴보고 명시하는 것이 중요하다.

현재의 심각도를 명시할 것:

경도: 한 가지 또는 2가지 학업 영역의 학습 기술에 있어 약간의 어려움이 있으나 적절한 편의나 지지 서비스가 제공된다면(특히 학업 기간 동안), 개인이 이를 보상할 수 있고 적절히 기능할 수 있을 정도로 경미한 수준이다.

중등도: 한 가지 또는 2가지 학업 영역의 학습 기술에 있어 뚜렷한 어려움이 있으며, 그로 인해 학업 기간 동안 일정한 간격을 두고 제공되는 집중적이고 특수화된 교육 없이는 능숙해지기 어렵다. 활동을 정확하고 효율적으로 완수하기 위해서는 적어도 학교나 직장, 집에서 보내는 시간의 일부 동안이라도 편의와 지지 서비스가 제공되어야 한다.

고도: 여러 학업 영역에 영향을 끼치는 학습 기술의 심각한 어려움이 있으며, 그로 인해 대부분의 학업 기간 동안 집중적이고 개별적이며 특수화된 교육이 지속되지 않는다면 이러한 기술을 습득하기 어렵다. 가정, 학교. 직장에서 일련의 적절한 편의와 서비스를 제공받았음에도 불구하고 모든 활동을 효율적으로 수행하지 못할 수도 있다.

3) 학습장애 하위유형

(1) 읽기장애

읽기 학습장애는 학습장애 영역 중에서 가장 많이 차지하고 있는 하위 장애로 그 개념이 복잡하다. 기초학습 기술 중 핵심적인 요소인 읽기는 단어공략, 초보의 읽기 기능 등 단순한 차원의 낮은 기능에서부터 고도의 사고력을 요구하는 고차원의 독해력 수준에 이르기까지 다양한 차원으로 이루어져 있다. 읽기 학습장애는 이러한 읽기 기능이 제대로 발휘하지 못하여 문자매체를 읽고 의미를 파악하는 데 어려움을 겪는다.

(2) 수학장애

수학 학습장애란 아동이 자신의 연령이나 지능 수준에서 기대되는 것보다 현저히 낮은 수학 학업성취를 보이는 경우를 말한다. 수학 학습장애 유형으로는 단순 연산의 인출과 장기기억화의 어려움으로 인한 수학 학습장애, 주의집중 부족이나 논리적 연산의 수행의 어려움을 겪는 것으로 연산 절차상의 어려움으로 인한 수학 학습장애, 수리적 정보의 표상과 해석에 있어서 시공간적 기술 사용상의 어려움으로 인한 수학 학습장애, 읽기장애를 동반한 수학 학습장애가 있다.

(3) 쓰기장애

쓰기는 정보를 기록하고 의사소통하는 데 목적이 있으므로 대부분의 학습장애 아동에게 쓰기는 읽기보다 훨씬 더 어려운 과제다. 쓰기 영역에는 철자법, 보고 쓰기, 자신의 생각을 글로 표현하기(작문) 등이 포함되는데, 광범위한 기능과 과정에 주의를 집중해야 하는 과제이므로 학습장애 아동은 이에 어려움을 겪는다.

4) DSM-IV에서 DSM-5로의 변화 사항(DSM-5)

특정학습장애는 DSM-IV 진단의 읽기장애, 산술장애, 쓰기장애, 달리 분류되지 않는 학습장애를 결합한다. 읽기, 쓰기, 수학 분야의 학습 결함은 개별 명시자로 부호화된다. 특수한 유형의 읽기 결함이 국제적으로 다양한 방식으로 읽기곤란증(dyslexia)이라 기술되며, 특수한 유형의 산수 결함은 계산불능증(dyscalculia)이라고 기술되는 것으로 확인할 수 있다.

2. 학습장애 특성

학습장애는 영역별로 나타나는 학습장애의 유형과 정도가 개인에 따라 매우 다양하기 때문에 학습장애 아동이라고 해서 모두 다 같은 특성을 보이는 것이 아니다. 개인에 따라 여러 가지 특성을 보이기도 하고, 한두 가지의 특성을 보이기도 하며, 특정 영역에서 강점을 나타내기도 한다.

1) 읽기

학습장애의 주요 특징으로 교과학습상의 문제를 나타낸다. 한두 과목에서 문제를 보이는 경우도 있지만 대부분 학과목 전반에 걸쳐서 나타난다. 특히 읽기영역에서 많은 문제를 보이는데 생략, 첨가, 대치, 도치 등의 특징이 나타나고, 글자와 소리의 대응관계 학습이 느리며, 단어와 문장을 읽는 것에 어려움을 보인다. 또한 단어를 읽는 속도와 정확성이 또래에 비해 현저하게 낮고, 읽기 이해력에서 문제를 보일 수도 있는데, 이해력이 낮으면 교과의 내용을 이해하기 어렵다.

2) 말하기

학습장애 아동은 단어에 대한 지식과 이해를 뜻하는 의미론과 어절 내 단어나 문장 간 공식적 관계인 구문론적 능력에서도 결함을 보인다. 일반 아동은 연령이 증가할수록 구어산출 능력이 자연적으로 발달하지만 학습장애 아동은 일반 아동과 달리 구어산출 능력이 연령에 따라 자연적으로 발달하지 않아 또래보다 낮은 수준의 언어를 사용하고, 비유적 언어(은유, 직유, 관용구, 격언 등)를 잘 이해하지 못하며, 모호한 표현과 추상적인 의미를 잘 이해하지 못한다.

학습장애 아동은 의사소통 기술(communication skills), 화용 기술(pragmatics)이 부족하여 또래들과 대화 주고받기, 상호적으로 대화를 시도하고 끝내기, 대화의 주제를 바꾸기 등이 부족하다. 이로 인하여 또래관계가 어렵고, 소외감이나 정서적인 위축을 느낀다.

3) 쓰기

학습장애는 읽기영역뿐 아니라 쓰기영역에서도 심각한 결함을 보인다. 글자의 크기나 간격, 글자 간의 조화가 심한 불균형을 이루고, 글자 모양의 심한 왜곡, 부적절한 문장 부호와 맞춤법 사용 등과 같은 글쓰기의 기술적인 측면에서 어려움을 느낀다. 또한 문장의 구조가 단순하여 풍부한 어휘 구사에 어려움이 있고, 자신의 생각을 잘 나타내지 못한다.

4) 주의집중

학습장애 아동의 1/3 정도는 주의집중에 있어 문제를 보인다. 과제를 수행하는 데 어려움을 나타내고, 일정 시간 이상 한 가지 과제에 집중하지 못하며, 지나치게 많이 움직이거나 활동하며 충동적인 경향을 보인다.

5) 기억

학습장애 아동은 장기기억에는 문제가 없지만 작동기억, 즉 단기기억 내 소량의 정보를 기억하여 다른 정보와 통합하며 활동하는 능력과 정보를 기억하기 위한 암호화 과정 등 특정 기억에 문제를 보인다.

6) 학습된 무기력 및 귀인

학습장애 아동은 일반 아동보다 자신이 지닌 학습상의 어려움으로 인하여 학업적 상황에서 낮은 자아개념을 지니고 있다. 반복된 실패의 결과로 자신의 지적능력을 의심하게 되고 자신의 성취 노력을 무의미하게 여기게 된다. 이는 어려운 상황에 직면하였을 때 학습장애 아동으로 하여금 재빨리 포기하거나 쉽게 좌절하도록 만든다. 피할 수 없거나 극복할 수 없는 환경에 반복적으로 노출된 경험으로 인하여 실제 자신의 능력으로 피할 수 있거나 극복할 수 있음에도 불구하고 스스로 자포자기하는 학습된 무력감으로 이어진다. 학습된 무력감은 성공할 수 있는 능력을 가지고 있지 않다는 믿음을 강화시켜 학습장애 아동으로 하여금 더 많은 실패를 일으킨다. 성취에 대한 동기가 부족하고, 스스로 노력해 보려는 동기가 낮아 성공을 하더라도 자신의 노력과 관계없이 환경이나 다른 사람의 덕이라고 생각하는 등 자신의 환경에 대한 통제를 스스로 인식하는 것에 있어 외부귀인의 경향이 높다.

▌짚고 가기

학습장애는 우리나라 전체 특수교육 대상자 중 출현율이 가장 높은 비율을 차지하는 제일 큰 범주이며 특수교육에서 가장 빠르게 발전하고 있는 영역이다. 학령기 아동이 글자를 읽지 못하거나 글자를 적을 수 없을 경우 학습장애가 아닐까 의심을 하게 되지만, 학습장애는 문자를 포함한 언어학습뿐만 아니라 의미 이해 곤란, 시지각기능 저하, 시각-운동 협응 저조, 공간개념과 공간조직 능력 부족, 사회적 기술 부족 등 많은 특징을 가지고 있어서 이를 이해하고 중재하기는 쉽지 않다. 왜냐하면 치료나 중재의 가장 우선적인 출발점이 되는 장애의 정의가 다른 장애와 달리 나라마다, 학회마다 다르며, 우리나라 역시 정의는 있지만 모호한 정의로 진단 및 판별에 어려움을 겪고 있기 때문이다(김동일 외, 2003). 이러한 정의의 모호함으로 인하여 치료의 시기가 지연되거나 치료나 중재의 기회를 놓치는 경우가 많다.

학습장애 아동은 평균 범위의 지적 수준을 가지고 있으면서도 특정 영역의 학습에 심각한 문제를 보인다. 학습장애 아동의 읽기 문제는 단순히 글자를 읽지 못하거나 읽기는 하지만 의미를 파악하고 이해하는 데 어려움을 겪는 것으로 나타난다. 쓰기영역에서는 글자 쓰기, 틀린 맞춤법, 부적절한 단어 사용, 비구조화된 문장으로 인하여 어려움을 겪는다. 수학 역시 기본개념, 사칙연산, 도형, 분류, 공간개념, 문장제 문제 등에서 어려움을 겪지만 아동에 따라 개별적으로 독특한 유형의 문제를 보이기도 한다. 학습장애 아동은 기초적인 학습영역(예: 읽기, 쓰기, 말하기)에서의 학습 기술에 결함을 보이기 때문에 다른 교과(예: 역사, 과학 등)에서도 심각한 문제를 보일 수 있다.

학습장애 아동은 낮은 학습성취뿐 아니라 사회적 의미와 단서를 이해하는 것에도 어려움이 있어 사회적 결과를 바르게 예측하지 못하고, 그로 인해 잘못된 결정을 내리기 쉽다. 또한 주위로부터의 낮은 사회적 인정과 대인관계 이해 능력의 부족으로 사회적 기술의 어려움을 겪는다.

또래로부터 놀림이나 거부당하는 경험을 반복적으로 하게 됨으로써 소외감과 정서적인 위축감을 느끼고 다른 사람에게 의존적이게 되며, 성취를 한다 하더라도 자신의 노력이 아닌 운이나 다른 사람의 덕분으로 생각하는 외부귀인을 가지고 있어 낮은 자존감과 빈약한 자아개념을 형성한다.

미술치료는 학습상의 어려움으로 인해 사고의 경직성을 가지고 있거나 사고와 활동을 계획하고 조직화하는 실행기능에 문제가 있는 학습장애 아동에게 심리적 이완을 돕고 표현활동의 즐거움을 느끼게 해 준다. 또한 아동 개개인이 갖고 있는 부족한 학습 전략을 아동의 특성과 수준에 맞추어 접근함으로써 학습에도 도움이 된다.

미술치료를 통해 학습장애 아동은 자기뿐 아니라 타인을 인식하고 타인의 감정 및 상황에 대한 조망능력을 발달시켜 또래와의 관계에서 상호작용을 증진시킬 수 있다. 또한 자신의 활동으로 완성된 작품을 통해 만족감과 성취감을 가질 수 있고 사고체계에 있어 외부귀인이 아닌 내부귀인을 통해 자존감을 향상시킬 수 있으므로, 미술치료의 실시는 학습장애 아동의 다양하고 독특한 특성에 대한 이해가 반드시 선행되어야 한다.

함께 가기

1

자기조절력 향상

▌목 표

1. 낙서와 같이 아무렇게 긋거나 긁적거리고 휘갈겨 감정을 표현해 봄으로써 감정표현의 즐거움을 느낄 수 있다.
2. 손을 움직이는 감각적이고 기능적인 운동에 대한 흥미를 유발하고 신체를 조절하는 활동을 통하여 활동에 대한 즐거움과 주의집중력을 향상시킬 수 있다.

▌단계별 적용

아동의 그림 그리기 과정은 무엇인가를 긁적거리는 난화기로부터 시작되어 사람이나 사물, 주위 환경을 표현할 수 있는 도식기, 사실적이고 세부묘사가 가능한 사실기로 발달된다. 난화는 난선 속에서 구체적인 형상을 찾아가는 과정을 거치며 과제 수행에 대한 의욕을 증진시킨다. 학습장애 아동은 과제에 잘 집중하지 못하고 학업적 상황에서 낮은 자아개념을 가지고 있다. 난화를 통해 학습장애 아동에게 손쉬운 과제 완성 경험을 제공하여 아동으로 하여금 자신이 무엇인가를 할 수 있다는 자신감을 심어 줄 수 있다. [1단계]에서는 다양한 선을 제시함으로써 사고의 경직성을 가지고 있는 아동에게 무엇인가를 해야 한다는 부담감을 감소시키고 자유롭게 표현할 수 있는 기회를 제공한다. [2단계]에서는 흐르는 매체를 사용하여 신체를 조절하도록 하여 충동성을 조절하는 기회를 제공하고 활동에 대한 즐거움과 표현에 대한 즐거움을 느끼는 기회를 제공한다. [3단계]에서는 조형 입체 활동을 통하여 상상력 발달을 위한 좌뇌와 우뇌를 자극하여 낙서 속에서 그림을 찾고 이야기를 만들어 가는 과정에서 자신의 생각을 자연스럽게 표현할 수 있는 기회를 제공한다.

주의력 조절

▌준비물

카드(다양한 선), OHP필름, 네임펜

▌활동방법

1. 치료사와 함께 팔을 크고 작게 돌려 보면서 몸을 움직여 신체를 이완시킨다.

2. 눈을 감고 심호흡을 깊게 세 번 정도 하면서 마음을 이완시킨 후 눈을 뜬다.

3. 다양한 선이 그려진 카드를 보고 손으로 크게 따라 그린다.

4. 손으로 따라 그리면서 재미있었거나 마음에 드는 선을 3~4가지 정도 고른 후 OHP
   필름에 네임펜으로 각각 한 장씩 그린다.

5. 그린 순서에 상관없이 OHP필름을 자유롭게 겹쳐 놓은 후 겹쳐진 난선을 보며 떠
   오르는 사물이나 상징 등을 찾는다.

6. OHP필름에서 찾아낸 사물이나 상징을 네임펜으로 그리고 색칠하여 난화를 완성
   한다.

7. 난화를 보며 떠오르는 제목을 붙인다.

8. 활동 후 느낀 점에 대해서 이야기 나눈다.

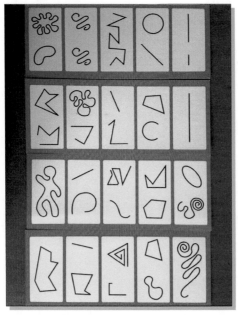

과정 1. 카드(다양한 선) 준비

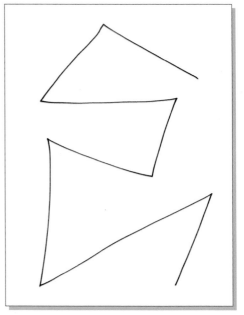

과정 2-1. OHP필름에 난선 그리기

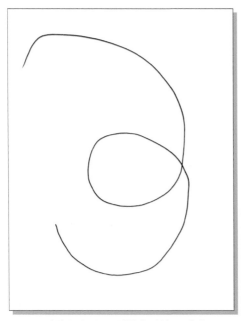

과정 2-2. OHP필름에 난선 그리기

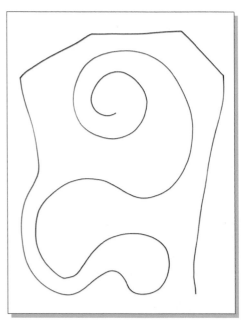

과정 2-3. OHP필름에 난선 그리기

과정 3. OHP필름 겹쳐 놓기 과정 4. 모양이나 형상 찾기

Tip

1. 몸을 다양하게 움직여 보는 것은 신체적·정서적 이완을 시키기 위한 것으로 사고의 경직성을 부드럽게 풀어 주는 데 도움이 된다.

2. 다양한 선을 자유롭게 그릴 수 있는 아동에게는 다양한 선을 제시하지 않아도 되지만, 다양한 선을 그리기에 어려움이 있는 아동의 경우 다양한 선을 제시하거나, 음악을 듣고 느낌을 선으로 표현하거나, 감정들을 선으로 표현해 보는 것도 좋다.

3. 오목게임을 이용한 난화도 학습장애 아동에게 효과적이다.

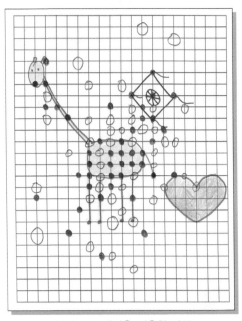

예시. 오목게임을 이용한 난화

지각운동력 조절

▌준비물

먹물, 종이컵, 스포이트, 8절지, 크레파스

▌활동방법

1. 치료사와 함께 음악을 들으며 음악의 박자와 음의 높낮이에 따라 몸을 자유롭게 움직여 신체를 이완시킨다.

2. 눈을 감고 심호흡을 깊게 세 번 정도 하면서 마음을 이완시킨 후 눈을 뜬다.

3. 종이컵에 먹물을 1/4 정도 부은 다음 스포이트로 먹물을 빨아들인다.

4. 8절지의 가장자리에 스포이트를 눌러 먹물을 흘린 다음, 먹물이 종이의 여러 방향으로 스며들 수 있도록 종이를 움직인다.

5. 8절지 위에 먹물로 그려진 난선을 보며 떠오르는 사물이나 상징 등을 찾는다.

6. 먹물 난선에서 찾아낸 사물이나 상징을 크레파스로 그리고 색칠하여 난화를 완성한다.

7. 난화를 보며 떠오르는 제목을 붙인다.

8. 활동 후 느낀 점에 대해서 이야기 나눈다.

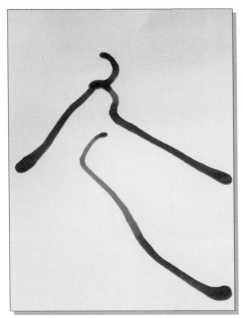

과정 1. 스포이트로 먹물 흘리기

과정 2. 먹물로 난선 만들기

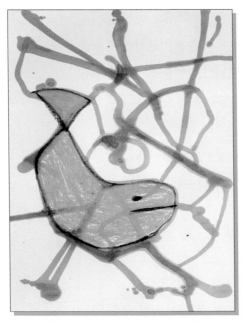

과정 3. 먹물을 말린 후 이미지 찾기

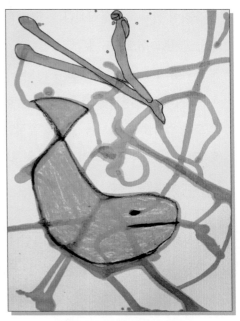

과정 4. 다양한 이미지 찾기

▌Tip

1. 집단으로 할 경우 넓은 종이 한 장을 다 같이 잡고 협동할 수 있도록 지도한다. 종이 위에 먹물을 떨어뜨린 후 먹물 방울이 흐를 수 있도록 종이를 기울이거나 종이 밖으로 먹물 방울이 떨어지지 않도록 다시 살짝 종이를 기울이도록 한다.

2. 종이의 재질에 따라 먹물 방울이 종이에 빠르게 흡수되거나 구를 수 있기 때문에 충동성이 있거나 신체를 조절하기 어려운 아동의 경우 흡수가 잘 되는 종이를 사용하여 아동에게 좌절감을 주지 않도록 한다.

3. 먹물을 이용하는 미술치료 작업에서는 먹물이 옷에 묻거나 튈 수 있으므로 앞치마와 팔 토시를 착용하도록 한다.

운동협응력 조절

▌준비물

우드락(A4용지 1/2 정도의 크기), 고무줄, 사인펜

▌활동방법

1. 치료사와 함께 스트레칭을 하면서 몸을 움직여 신체를 이완시킨다.

2. 눈을 감고 심호흡을 깊게 세 번 정도 하면서 마음을 이완시킨 후 눈을 뜬다.

3. 고무줄을 양손으로 잡아 당겼을 때 적당하게 끼울 수 있는 정도의 크기의 우드락
   을 준비한 후 우드락에 고무줄을 자유롭게 끼운다.

4. 여러 가닥으로 끼운 고무줄을 보며 떠오르는 사물이나 상징 등을 찾는다.

5. 우드락에 끼운 고무줄 난선에서 찾아낸 사물이나 상징을 사인펜으로 그리고 색칠
   하여 난화를 완성한다.

6. 난화를 보며 떠오르는 제목을 붙인다.

7. 활동 후 느낀 점에 대해서 이야기 나눈다.

과정 1. 우드락에 고무줄 끼우기

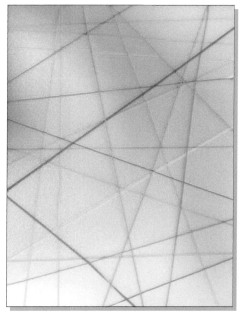

과정 2. 여러 방향으로 고무줄 끼우기

과정 3. 이미지 떠올리기

과정 4. 다양한 이미지 찾기

▌Tip

1. 다양한 크기와 모양의 우드락을 사용하면 흥미를 유발하고 아동이 고무줄을 끼우는 활동을 통해 신체협응능력을 높일 수 있다.

2. 고무줄이 늘어나는 것을 무서워하는 아동의 경우 고리에 고무줄을 끼우거나 손가락에 고무줄을 감는 놀이 등을 통해 고무줄을 가지고 노는 경험을 먼저 갖도록 한다. 그 후 블록에 고무줄을 끼우거나 Geo-art 같은 장난감 교구를 이용하여 모양을 만드는 활동을 하여 두려움보다 흥미를 갖도록 돕는다.

신체인지 향상

▍목표

1. 신체 부위의 연결과 움직임을 통하여 신체 동작을 시각화하여 표현할 수 있다.
2. 신체 동작의 상징적 의미를 이해하고 사회적 상황에서 적절히 사용할 수 있다.

▍단계별 적용

학습장애 아동은 신체지각적인 측면에서 전반적으로 동작이 꼼꼼하지 못하고 어설프다. 특히 시각−운동 협응능력이 낮아 세밀한 동작이나 지각과 동작 간의 협응을 요하는 과제 수행 능력이 또래에 비해 현저히 떨어지고 공간위치 관계를 파악하는 데 어려움을 가진다. 공간위치 및 신체위치 관계를 파악하는 데 어려움을 가진 아동은 방향을 가리키는 교사의 지시를 알지 못해 또래 친구들과 함께 행동할 때 어려움을 겪는다. [1단계]에서는 검은색 종이 위에 흰색 분필이나 크레파스를 사용하여 그림을 그림으로써 지각발달이 지체된 아동과 신경학적 손상을 가진 아동에게 시각−운동 협응과 반전된 도형−배경 경험을 제공함으로써 신체상과 다양한 자세 변화를 통한 신체의 움직임에 대한 인지를 향상시킨다. [2단계]에서는 신체를 여러 형상으로 나누어 그리는 활동을 통하여 공간에서 신체 형상을 더 쉽게 인지하는 데 도움을 준다. [3단계]에서는 신체 동작의 상징적인 의미를 이해하여 상황을 예측하도록 하고, 나아가 상황에 따라 다양한 신체 동작을 사용하여 비언어적인 의사소통이 가능하도록 한다.

신체상 인식

┃ 준비물

검은색 화지, 4절지, 크레파스, 가위, 풀

┃ 활동방법

1. 자신의 팔을 만져 보면서 딱딱한 뼈와 물렁한 근육에 대한 탐색한다.

2. 다양한 자세를 취해 신체 부분 중 어느 부분이 움직이는지 관찰한다(다양한 자세의 예: 손을 머리 위로 올린다.).

3. 검은색 화지에 흰색 크레파스를 사용하여 치료사의 지시에 따라 막대기 사람(졸라맨)을 그린다(치료사 지시의 예: 머리를 동그랗게 그리세요. 목부터 배꼽까지 상체는 동그라미 밑에 세로로 한 줄 그으세요. 목과 연결되는 부분인 팔은 양 옆으로 줄을 그으세요. 상체의 끝부분에서 다리의 방향에 맞게 사선을 그으세요.).

4. 막대기 사람 위에 볼록한 소시지 모양의 근육을 그린다.

5. 근육을 그린 그림에 아동이 입은 옷과 똑같은 옷을 그리고 꾸민다.

6. 아동은 자신이 취하고 싶은 자세(상반신 변화 자세, 하반신 변화 자세, 상반신과 하반신 변화 자세)를 취하고 사진을 찍는다.

7. 사진의 자세를 보며 막대기 사람의 형태로 똑같이 그림을 그리고 옷을 그리고 꾸민다.

8. 막대기 사람을 가위로 오리고 4절지에 붙인다.

9. 막대기 사람이 어디에서 무엇을 하고 있는지 치료사와 이야기 나눈 뒤 4절지에 배

경을 그려서 꾸민다.

10. 활동 후 느낀 점에 대해서 이야기 나눈다.

과정 1. 막대기 사람 그리기

과정 2. 소시지 모양의 근육 입히기

과정 3. 옷 그리기

과정 4. 배경 그려서 꾸미기

▌Tip

1. 집단 활동인 경우 한 명씩 번갈아 가며 서로 동작을 보여 주는 모델 역할을 경험함
   으로 자존감 향상을 기대할 수 있다. 또한 상대방의 동작을 보며 관련된 동작을 표
   현하도록 하거나 다양한 상황에 따른 동작을 표현하도록 하면 아동의 사회성 증진
   에도 도움이 된다.
2. 검정색 화지 대신 사포나 김 등 흰색과 대비되는 다양한 매체를 사용하여 아동에
   게 창의성과 즐거움을 줄 수도 있다.

예시 1. 집단원과 자세 만들고 사진 찍기

예시 2. 집단원 자세 그리기

2
단
계

동작 지각

▌준비물

할핀, 펀치, 도안(신체), 도화지, 사인펜, 색연필, 가위, 풀

▌활동방법

1. 신체가 그려진 도안을 받고, 도안에 있는 신체의 각 부분(머리, 목, 어깨, 팔꿈치 등)을 짚는다.

2. 치료사는 도안에 동그라미로 표시된 부분이 관절 부분임을 설명한다. 아동은 신체의 각 부분이 맞닿아 연결되어 있는 관절을 만져 보고 관절을 사용하여 신체를 움직인다.

3. 도안을 가위로 오리고 관절 부분을 펀치로 구멍을 뚫어서 할핀을 끼운다. 이때 치료사는 아동이 펀치로 구멍을 잘 뚫을 수 있도록 돕는다.

4. 아동은 치료사의 지시에 따라 아동이 만든 관절인형을 자유롭게 움직인다(치료사 지시의 예: 만세 하세요, 손을 허리 뒤로 잡고 다리는 쭉 뻗어요. 등).

5. 관절인형을 움직여 교실에서 자주 하는 동작을 만든다.

6. 언제 이러한 동작을 하는지, 이러한 동작을 할 때 주변의 반응을 어떠한지 이야기 나눈다.

7. 친구와 함께 하고 싶은 동작을 생각한 후 관절인형을 움직여 동작을 만들어 보고, 도화지에 배경을 그리고 꾸민다.

8. 활동 후 느낀 점에 대해서 이야기 나눈다.

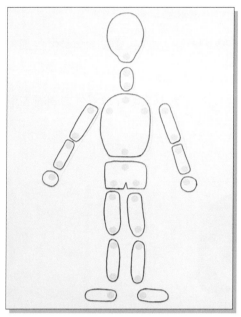

과정 1. 도안 꾸미기

과정 2. 오려진 도안에 할핀 끼우기

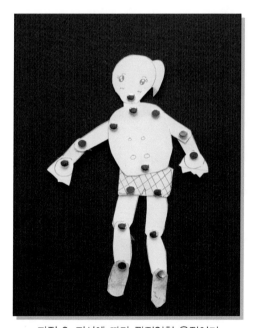

과정 3. 지시에 따라 관절인형 움직이기

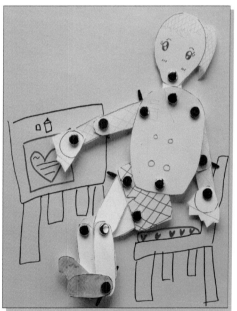

과정 4. 배경 꾸미기

▮Tip

1. 신체의 각 부분을 잘 아는 아동은 치료사가 제시한 도안을 보고 기억하여 도화지에 자신의 신체를 스스로 그리도록 한다.

2. 신체를 꾸미기 힘든 아동의 경우 교과서나 인터넷을 참고하여 그림이 그려진 도안을 이용하여도 좋다.

예시. 교과서를 이용한 도안 사용[1]

---

1) 출처: 교육과학기술부(2013).

신체 언어 인지

▌준비물

사진(다양한 동작), 종이, 사인펜, 가위, 풀

▌활동방법

1. 다양한 동작의 사진을 보고 손 동작과 신체 동작을 똑같이 따라 한다.

2. 무엇을 하는 동작인지, 어떤 상황에서 하는 동작인지 탐색한다.

3. 자신이 자주 하는 동작을 찾아 종이에 그린 후 어떤 상황에서 자주 하는지 배경을 그리고 꾸민다.

4. 자신이 자주 하는 동작이 긍정적인 행동인지 부정적인 행동인지 생각하고, 그 동작을 할 때 주변의 반응은 어떠한지 이야기 나눈다.

5. 다양한 동작 중에서 마음에 드는 동작의 이유를 살펴보고 어떤 상황에서 이 동작을 사용하면 좋을지 생각한다.

6. 활동 후 느낀 점에 대해서 이야기 나눈다.

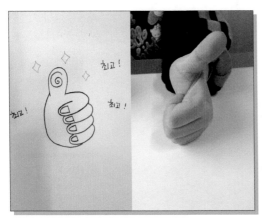

과정 1. 손 동작 따라 하기

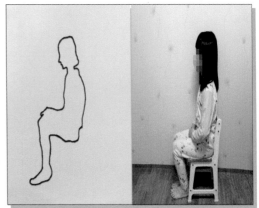

과정 2. 신체 동작 따라 하기

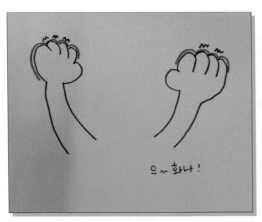

과정 3. 자주 하는 동작

과정 4. 마음에 드는 동작

사례 1. 학습장애, 중등1, 여학생

나는 주먹을 쥐며 부르르 떠는 행동을 자주 한다. 친구들이 나를 보면서도 무시하는데 그 상황에서 아무 말 못하는 내가 너무 속상하다. 무시당하면 화나고 열 받는다는 것을 보여 주고 싶다. 친구들 앞에서 주먹을 쥐고 화가 났다는 걸 보여 주고 싶지만 그게 잘 안 된다. 혼자서만 주먹을 쥐고 부르르 떨고 있는 게 너무나도 속상하다.

사례 2. 학습장애, 초등2, 여학생

매일 의자에 앉아 있는 일이 많다. 학교에서도 앉아 있고, 집에서도 숙제한다고 앉아 있고, 학원에서도 공부한다고 앉아 있는다. 앉아 있는 일이 즐겁지 않지만 그래도 해야 되니까……. 매일 수학공부를 꾸준히 해야 하는데 마음처럼 잘 되지 않는다. 앉아 있는 시간만큼 공부도 잘했으면 좋겠다.

▮ Tip

1. 도안 대신 아동의 손 동작이나 신체 동작을 카메라로 찍어 사진으로 인화하거나 프린트하여 사용하여 주변 환경을 꾸며도 좋다.

2. 다양한 손 동작이나 신체 동작이 있는 스티커나 SNS의 이모티콘 등을 사용하면 아동에게 흥미를 주고 다양한 동작의 의미를 파악하여 상황을 예측하도록 하는 데 도움이 된다.

3

사회기술 향상

▎목표

1. 사회적 상황을 인지하여 타인에 대한 애정을 표현할 수 있다.
2. 돌보는 행동을 통하여 타인의 마음을 이해하고 부모님과 주변 사람들에게 감사하는 마음을 가질 수 있다.

▎단계별 적용

학습장애 아동은 대인관계가 원만하지 못하고 부적절한 사회적 판단을 내려 상황에 맞지 않는 행동을 하거나 자신이 한 행동의 결과를 예측하지 못한다. 또한 자신과 관계된 사람에게 적절한 애정을 표현하는 데 어려움을 느끼고, 표현하더라도 애정표현의 정도나 시기, 대상이 부적절하게 나타나기도 한다. [1단계]에서는 동물 도안을 통해 보살핌에 필요한 것이 무엇인지 살펴보면서 아동에게 필요한 보살핌이나 도움을 탐색한다. [2단계]에서는 부모님이 자신을 돌보듯 밀가루로 아기를 만들어 돌봄으로써 '돌봄'에는 많은 관심과 사랑이 있어야 하고 자신 역시 부모에게 사랑을 받고 돌봄을 받고 있음을 인식하여 부모님께 감사함을 느끼고 표현할 수 있게 한다. 3kg 정도 무게의 밀가루는 실제 갓 태어난 아기 몸무게와 유사하여 아기를 돌보면서 느껴지는 감정과 촉감을 경험할 수 있다. [3단계]에서는 작지만 깨지기 쉬운 계란을 통해 충동성을 조절하고, 새 생명의 탄생을 위해 많은 노력이 필요하고 그러한 노력을 실천해야 함을 경험하고 느껴 본다.

주변 돌아보기

준비물

동물 그림 또는 사진, A4용지, 사인펜, 색연필, 가위, 풀

활동방법

1. 그림 또는 사진 속 동물을 보면서 무엇을 하고 있는지, 장소는 어디인지, 어떤 기분을 느낄 것 같은지 등을 생각하며 자유롭게 이야기 나눈다.

2. 그림 또는 사진 속 동물의 테두리를 따라 오린 후, 이 동물을 보살펴 줘야 한다면 어떤 보살핌이 필요할지 이야기 나눈다.

3. A4용지에 오려 놓은 동물을 붙이고 동물을 보살피기 위해 필요한 물건이나 환경을 생각하여 동물 주위에 그린다.

4. 그림 또는 사진 속 동물처럼 누군가 자신을 이렇게 보살펴 준다면 어떤 도움을 받고 싶은지 이야기 나눈다.

5. 활동 후 느낀 점에 대해서 이야기 나눈다.

사례 1.

학습장애, 초등1, 여학생

다람쥐에서 필요한 것은 보금자리다. 다람쥐는 어디서 살아야 하나 고민하고 있다. 다람쥐에게 살 곳을 마련해 주고 먹을 것을 주면 주변에 있던 여자 다람쥐가 다가와서 친구가 될 것이다. 이 동물처럼 나에게 필요한 것은 친구. 친구와 잘 놀고 싶은데 친구들이 나를 피하는 것 같다. 친구들이 나에게 다가오면 좋겠다. 친구들과 잘 놀 수 있도록 엄마가 팡팡에도 데려다 줬으면 좋겠다.

사례 2.

학습장애, 초등4, 남학생

다람쥐에게 필요한 것은 놀이터다. 다람쥐는 무엇을 하며 놀까 살펴보고 있었다. 다람쥐가 재미있게 놀 수 있는 놀이터가 있었으면 좋겠다. 나에게 필요한 것은 핸드폰이다. 핸드폰 게임이 정말 재미있는데 엄마가 잘 못하게 한다. 핸드폰만 있으면 즐겁게 놀 수 있다. 또 아빠랑 같이 놀고 싶은 시간이다. 아빠는 바빠서 나랑 같이 못 놀아 준다. 아빠랑 나도 같이 놀이동산에 가서 신나게 놀고 싶다.

사례 3.

학습장애, 초등5, 남학생

다람쥐는 외롭다. 좋아하는 여자 다람쥐가 다가와서 친구를 해 줬으면 좋겠다. 다람쥐에게 집도, 먹을 것도, 노는 것도 필요하지만 제일 필요한 것은 좋아하는 여자 친구다. 나도 외롭다. 다람쥐와 놀아야 할 것 같은 느낌이 든다. 나도 여자 친구가 생겨서 커플링하고 싶다. 지은이는 민석이하고만 놀고 나한테는 말도 걸지 않는다. 너무나 속상하다.

❙Tip

1. 어떤 보살핌이 필요할지 탐색이 어려운 아동은 상황별 보살핌의 유형에 대해 예를 들어 주고 학습하는 과정이 선행되어야 한다(예: 수업시간에 친구가 배가 아파요. 어떻게 해야 할까요? 보건실에 데려다 줘요.).

2. 아동 또는 주변 사람의 모습을 사진으로 찍은 후 인화하여 필요한 물건이나 주변의 도움 등을 그려 보는 작업도 아동에게 도움이 된다.

3. 참고 사진 외에 도움이 필요해 보이는 동물 사진을 사용할 수 있다.

예시. 참고 사진[2]

---

2) http://allafalkova.files.wordpress.com/2014/04/4-10.jpg

돌보기

▌준비물

3kg 밀가루, 꾸밀 수 있는 매체(머리띠, 아기 옷 등), 다양한 플라스틱 통, 색지, 유성매직, 가위, 테이프

▌활동방법

1. 자신이 태어났을 때 어떤 모습이었을지 생각하고 부모님이 자신을 어떻게 보살펴 주었는지 생각한다.
2. 어른이 되어 아기를 보살펴 주어야 한다면 어떻게 보살펴 주어야 하는지 탐색한다.
3. 꾸밀 수 있는 매체로 3kg 밀가루 포대를 아기처럼 꾸민다.
4. 밀가루 포대로 만든 아기에게 필요한 물건은 무엇인지 생각한 후 플라스틱 통과 색지 등으로 아기에게 필요한 물건을 만든다.
5. 밀가루 포대로 만든 아기를 안아 보고 업어 본다.
6. 밀가루 포대로 만든 아기를 잘 보살피려면 어떤 노력이 필요할지 생각하고 치료사와 이야기 나눈다.
7. 밀가루 포대로 만든 아기를 돌본 경험을 바탕으로 주변에 자신의 도움이 필요한 친구들이 있다면 어떻게 돌볼 수 있을지 이야기 나눈다.
8. 활동 후 느낀 점에 대해서 이야기 나눈다.

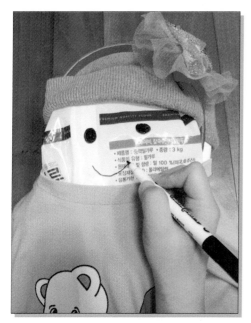

과정 1. 아기 꾸미기

과정 2. 아기 안아서 돌보기

과정 3. 아기 업어서 재우기

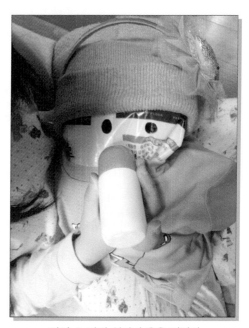

과정 4. 아기 안아서 우유 먹이기

희망 품기

▌준비물

달걀, 꾸밀 수 있는 매체(풍선, 천, 색지, 색휴지, 플라스틱 통 등), 유성매직, 네임펜, 가위, 풀

▌활동방법

1. 에디슨이 달걀을 품은 것에 대한 이야기를 나눈다.
2. 아동은 에디슨이 어떤 마음으로 달걀을 품었을지, 어떤 애정을 주었을지 생각한다.
3. 달걀을 준비하여 달걀의 윗부분에는 치료사의 사인을, 아랫부분에는 아동의 사인을 하여 이 달걀이 아동의 것임을 확실히 의미 부여한다.
4. 에디슨처럼 달걀을 품는다면 달걀은 어떤 모양인지 생각한 후 달걀에 얼굴도 그리고, 꾸밀 수 있는 매체를 이용하여 옷을 만든다.
5. 아동이 집에서 지내는 것처럼 달걀이 지낼 장소에 대해 탐색한 후 플라스틱 통을 사용하여 달걀이 지낼 방 또는 침대를 만들어 꾸민다.
6. 달걀을 잘 보살피기 위해서 아동은 어떤 역할을 해야 할지 생각한다.
7. 1주일 동안 아동이 만든 달걀이 깨지지 않도록 주의해야 할 점과 달걀과 잘 지내기 위해 아동이 챙겨야 할 점을 생각하고 이야기 나눈다.
8. 1주일 동안 아동은 달걀의 보호자가 되어 달걀이 깨지지 않도록 잘 챙겨 다닌다.
9. 1주일 후 달걀을 보살피며 경험한 것, 느낀 점에 대해서 이야기 나눈다.

과정 1. 달걀에 사인하여 의미 부여하기

과정 2. 달걀 꾸미기

과정 3. 달걀이 지낼 장소 만들기

과정 4. 달걀 안전하게 보살피기

┃Tip

1. 냉장고에서 꺼낸 차가운 달걀을 사용하면 달걀 표면에 물기가 생겨 색을 칠하기 어려우므로 달걀을 실온에 미리 꺼내 두어 작업을 하는 것이 좋다.

2. 삶은 달걀이나 구운 달걀을 이용하면 작은 힘이나 충격에도 껍질이 깨지기 쉬우므로 치료 시 작은 실수로 아동에게 좌절감을 주지 않도록 한다.

4

관계 향상

█ 목 표

1. 아동은 현재 자신이 처한 문제와 비슷한 문제를 겪고 있는 주인공의 이야기를 통해 주인공의 정서에 동화되거나 자신의 정서를 정화시킬 수 있고, 심리적인 위안을 받을 수 있다.
2. 자신의 책을 만들어 봄으로써 뿌듯함을 느끼고 학습에 대한 거부감을 감소시킬 수 있다.

█ 단계별 적용

학습장애 아동은 반복된 실패의 경험으로 인하여 자신의 노력과 성취를 무의미하게 여기거나 재빨리 포기하고 쉽게 좌절한다. 미술치료를 접목하여 꿈이나 타인과의 관계 등 실생활에서 경험하는 내용을 바탕으로 책을 만들고 그 과정을 통해 결과물에 대한 성취감을 느끼도록 한다. 종이접기를 이용하여 다양한 방법으로 책을 만들면서 책과 관련된 즐거움을 주고 학습과 관련된 부정적인 시각을 변화시킬 수 있다. [1단계]에서는 자신의 능력과 자신의 능력을 방해하는 요소들을 탐색하여 자신이 무한한 가능성과 에너지를 가지고 있음을 확인하고, 방해요소가 있어도 쉽게 좌절하지 않고 노력하는 힘을 기르도록 한다. [2단계]에서는 또래와의 관계에서 자신이 친구와 잘 지낼 수 있는 방법을 탐색하여 실천해 봄으로써 또래관계를 개선하는 기회를 마련해 준다. [3단계]에서는 권위적인 사람과의 관계에서 심리적 갈등을 해소하고 학교생활과 가정생활에서 적응 능력을 향상시킨다.

나의 가능성

▌준비물
책 『날고 싶지 않은 독수리』, 잡지, 정사각형 색지, 색지, 사인펜, 크레파스, 가위, 풀

▌활동방법
1. 책 『날고 싶지 않은 독수리』를 읽고 자신이 독수리라면 어떠할지 생각한다.
2. 독수리가 날개를 펴고 날아올랐던 것처럼 아동이 날개를 펴고 날아오르고 싶은 꿈은 무엇인지 탐색하여 잡지에서 비슷한 이미지를 찾거나 색지에 그림을 그리고 예쁘게 꾸민다.
3. 자신의 꿈을 펼치지 못하도록 방해하는 부분은 무엇인지 탐색한다(꿈을 펼치지 못하도록 방해하는 부분의 예: 성향, 습관, 주변의 인식, 부정적인 생각 등).
4. Tip을 참고하여 정사각형 색지를 접어 작은 정사각형 모양의 책을 만든다.
5. 색지를 펴서 각 부분에 아동의 꿈을 펼치지 못하도록 방해하는 부분을 4가지 골라 한 칸에 한 가지씩 그림으로 그리고 꾸민다.
6. 아동이 날개를 펴고 날아오르고 싶은 꿈을 꾸민 종이를 정사각형 색지의 가운데 부분에 세워서 붙인다.
7. 색지를 접어 윗면에 책표지를 만든다.
8. 책표지를 펼치면 날아오르고 싶은 아동의 꿈이 팝업북처럼 우뚝 솟아나는 것을 보면서 자신의 꿈을 펼치지 못하도록 방해하는 부분이 있음에도 불구하고 열심히 노력하여 성공할 수 있음에 대한 이야기를 나눈다.
9. 활동 후 느낀 점에 대해서 이야기 나눈다.

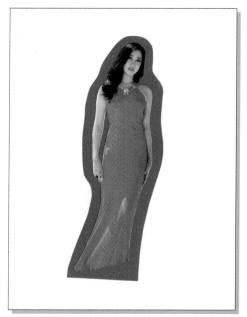

과정 1. 날개를 펴고 날아오르고 싶은 나의 꿈 찾기

과정 2. 정사각형 색지 접기

과정 3-1. 꿈을 펼치지 못하도록
방해하는 부분 그리기

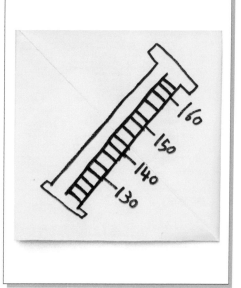

과정 3-2. 꿈을 펼치지 못하도록
방해하는 부분 그리기

과정 3-3. 꿈을 펼치지 못하도록
방해하는 부분 그리기

과정 3-4. 꿈을 펼치지 못하도록
방해하는 부분 그리기

과정 4. 색지 가운데 나의 꿈 세워서 붙이기

과정 5. 책 표지 만들기

▌Tip

1. 정사각형 색지를 접어서 책을 만드는 방법은 다음과 같다.

과정 1.
사선 방향으로 색지 접기

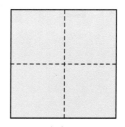

과정 2.
가로, 세로 방향으로 색지 접기

2. 혼자서 글을 읽기 어려운 경우 치료사가 글을 읽어 주고 아동은 그림에 초점을 맞추어 이해하는 것이 좋다.

3. 책을 보는 것에 대한 부담감을 가진 아동의 경우 글이 없는 동화책이나 받침이 없는 동화책을 준비하여 접근함으로써 아동에게 위축감이 생기지 않도록 하는 것이 좋다.

나의 친구들

▮ 준비물

책 『나랑 같이 놀자』, 색지, 색종이, 사인펜, 가위, 칼, 테이프

▮ 활동방법

1. 책 『나랑 같이 놀자』를 읽고 어떤 내용인지 생각한다.

2. 아동은 친구와의 관계에서 언제 외로움을 느꼈는지, 어떻게 친구를 사귀었는지 탐색한다.

3. Tip을 참고하여 색지를 접어 직사각형 모양의 책을 만든다.

4. 친구하면 떠오르는 이미지를 찾고 4등분된 색지에 한 칸씩 그리고 모양을 따라 칼로 자른다. 이때 치료사는 아동의 손이 다치지 않도록 주의한다.

5. 색종이 4장을 4등분된 색지와 같은 크기로 자른 후 색지 안에 끼운다.

6. 색종이에 친구와 잘 지내기 위한 방법을 한 가지씩 그림으로 그리거나 글로 적는다.

7. 색지를 접어 윗면에 책표지를 만든다.

8. 아동이 만든 책을 보면서 책의 내용과 같이 한다면 친구와의 관계가 어떻게 변할 것 같은지 이야기 나눈다.

9. 활동 후 느낀 점에 대해서 이야기 나눈다.

과정 1. 친구 이미지 찾고 모양 따라 자르기

과정 2. 색지 안에 색종이 끼우기

과정 3. 친구와 잘 지내기 위한 방법 그리기

과정 4. 책 표지 꾸미기

▍Tip

직사각형 색지를 접어서 책을 만드는 방법은 다음과 같다.

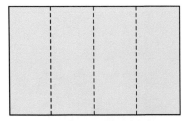

과정 1. 대문 모양으로 접기

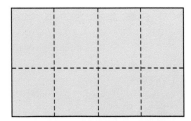

과정 2. 1/2보다 조금 적게 접기

나의 선생님

| 준비물

책 『엄마를 화나게 하는 10가지 방법』, B4용지, 사인펜, 크레파스, 연필, 지우개, 가위, 풀

| 활동방법

1. 책 『엄마를 화나게 하는 10가지 방법』을 읽고 자신의 경험에 대해 이야기 나눈다.

2. Tip을 참고하여 B4용지를 접고 중간에 가위로 오려 책 모양을 만든다.

3. 아동은 학교생활을 돌아보며 선생님을 화나게 하는 방법에 대해 생각한다.

4. 책으로 만든 종이의 제일 첫 장에는 제목(선생님을 화나게 하는 방법)과 자신의 이름을 적는다.

5. 두 번째 쪽은 비워 두고 세 번째 쪽부터 선생님을 화나게 하는 방법을 하나씩 적고 그림으로 그리고 꾸민다.

6. 아동이 그린 것과 같은 방법대로 하면 어떻게 되는지 예측하고 선생님과 잘 지내기 위한 방법을 탐색한 후 두 번째 쪽에 설명하는 글을 적는다.

7. 아동이 만든 책을 보면서 선생님과 잘 지내게 된다면 좋은 점이 무엇일지 생각한 후 마지막 장의 뒤표지를 꾸민다.

8. 활동 후 느낀 점에 대해서 이야기 나눈다.

과정 1. 제목과 표지 만들기

과정 2. 선생님을 화나게 하는 방법
3쪽 속지 꾸미기

과정 3. 선생님을 화나게 하는 방법
4쪽 속지 꾸미기

과정 4. 선생님을 화나게 하는 방법
5쪽 속지 꾸미기

과정 5. 선생님을 화나게 하는 방법
6쪽 속지 꾸미기

과정 6. 선생님을 화나게 하는 방법
7쪽 속지 꾸미기

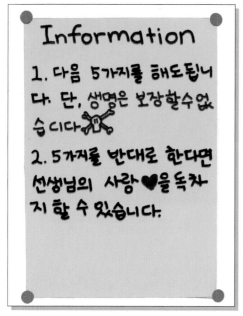

과정 7. 선생님을 화나게 하는 방법
2쪽 속지 꾸미기

과정 8. 뒤표지 꾸미기

▌Tip

1. B4용지를 사용하여 책을 만드는 방법은 다음과 같다.

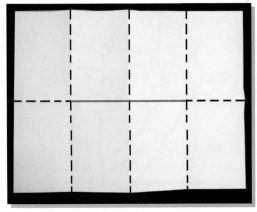

예시 1-1. 종이를 세로 방향으로 놓은 후
세로로 1번, 가로로 2번 접기

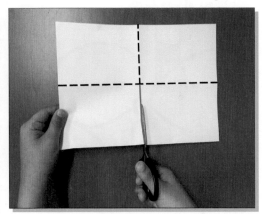

예시 1-2. 중간 부분을 가위로 자르기

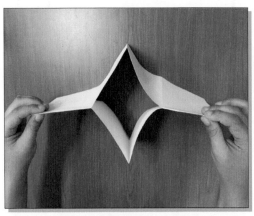

예시 1-3. 가장자리 잡고 모으기

예시 1-4. 책 모양으로 만들기

2. 책의 원제목처럼 엄마를 화나게 하는 방법을 찾거나, 아동과 관계된 다른 대상을
찾아 책처럼 만들어 자신의 행동을 관찰하고 행동을 바꾸도록 하는 것도 좋다.

의사소통장애

의사소통장애와 만나는 10월, 11월, 12월

알고 가기

짚고 가기

함께 가기

알고 가기

1. 의사소통장애 정의

의사소통장애는 어떠한 원인에 의해서건 다른 사람과의 의사소통에 어려움이 있는 것을 의미한다. 중추신경인 뇌의 손상이나 불완전한 발달에 연유한 장애를 '언어장애'라 하고, 구어 형성에 관여하는 기관의 손상이나 잘못으로 인한 장애를 '말장애' 라고 하며, 이를 통합하여 '의사소통장애' 라고 한다.

1) 「장애인 등에 대한 특수교육법」

「장애인 등에 대한 특수교육법」에서는 의사소통장애를 지닌 특수교육대상자를 언어의 수용 및 표현 능력이 인지능력에 비하여 현저하게 부족한 사람, 조음능력이 현저히 부족하여 의사소통이 어려운 사람, 말 유창성이 현저히 부족하여 의사소통이 어려운 사람, 기능적 음성장애가 있어 의사소통이 어려운 사람으로 규정하고 있다.

2) 의사소통장애 진단기준(DSM-5)

의사소통장애의 진단적 범주는 언어장애, 말소리장애, 아동기 발병 유창성장애(말더듬), 사회적(실용적) 의사소통장애 그리고 달리 명시된/명시되지 않는 의사소통장애가 있다.

| 언어장애 |
| Language Disorder |
| 진단기준   315.32(F80.2) |

A. 언어에 대한 이해와 생성의 결함으로 인해 언어 양식(즉, 말, 글, 수화 또는 기타)의 습득과 사용에 지속적인 어려움이 있으며, 다음 항목들을 포함한다.

   1. 어휘(단어에 대한 지식과 사용) 감소

   2. 문장 구조(문법이나 형태론적 법칙을 기초로 단어와 어미를 배치하여 문장을 만드는 능력)의 제한

   3. 담화(주제나 일련의 사건을 설명하거나 기술하고 대화를 나누기 위해 어휘를 사용하고 문장을 연결하는 능력)의 손상

B. 언어 능력이 연령에 기대되는 수준보다 상당히 그리고 정량적으로 낮으며, 이로 인해 개별적으로나 어떤 조합에서나 효율적인 의사소통, 사회적 참여, 학업적 성취 또는 직업적 수행의 기능적 제한을 야기한다.

C. 증상의 발병은 초기 발달 시기에 시작된다.

D. 이러한 어려움은 청력이나 다른 감각 손상, 운동 기능이상 또는 다른 의학적 · 신경학적 조건에 기인한 것이 아니며, 지적장애(지적발달장애)나 전반적 발달지연으로 더 잘 설명되지 않는다.

| 말소리장애 |
| Speech Sound Disorder |
| 진단기준   315.39(F80.0) |

A. 말 소리 내기에 지속적인 어려움이 있고, 이는 언어 명료도를 방해하거나 전달적인 언어적 의사소통을 막는다.

B. 장애가 효과적인 의사소통을 제한하여, 사회적 참여, 학업적 성취, 또는 직업적 수행을 각각 혹은 조합해서 방해한다.

C. 증상의 발병은 초기 발달 시기에 시작된다.

D. 이러한 어려움은 뇌성마비, 구개열, 청력 소실, 외상성 뇌손상이나 다른 의학적 또는 신경학적 조건과 같은 선천적 혹은 후천적 조건으로 인한 것이 아니다.

| 아동기 발병 유창성장애(말더듬) |
| Childhood-Onset Fluency Disorder(Stuttering) |

진단기준   315.35(F80.81)

A. 말의 정상적인 유창성과 말 속도 양상의 장애로서 이는 연령이나 언어 기술에 비해 부적절하며, 오랜 기간 지속된다. 다음 중 한 가지 이상이 자주, 뚜렷하게 나타나는 것이 특징이다.

  1. 음과 음절의 반복

  2. 자음과 모음을 길게 소리 내기

  3. 단어의 깨어짐(예, 한 단어 내에서 머뭇거림)

  4. 소리를 동반하거나 동반하지 않는 말 막힘(말의 중단 사이가 채워지거나 채워지지 않음)

  5. 돌려 말하기(문제 있는 단어를 피하기 위한 단어 대치)

  6. 과도하게 힘주어 단어 말하기

  7. 단음절 단어의 반복(예, "나-나-나-나는 그를 본다.")

B. 개별적으로나 복합적으로 장애는 말하기에 대한 불안 혹은 효과적인 의사소통, 사회적 참여, 또는 학업적·직업적 수행의 제한을 야기한다.

C. 증상의 발병은 초기 발달 시기에 시작된다(**주의점**: 늦은 발병의 경우 307.0[F98.5] 성인기 발병 유창성장애로 진단한다).

D. 장애는 언어-운동 결함 또는 감각 결함, 신경학적 손상(예, 뇌졸중, 종양, 외상)에 의한 비유창성, 또는 다른 의학적 상태로 인한 것이 아니며, 다른 정신질환으로 더 잘 설명되지 않는다.

| 사회적(실용적) 의사소통장애 |
| Social(Pragmatic) Communication Disorder |

진단기준   315.39(F80.89)

A. 언어적·비언어적 의사소통의 사회적인 사용에 있어서 지속적인 어려움이 있고, 다음과 같은 양상이 모두 나타난다.

  1. 사회적 맥락에 적절한 방식으로 인사 나누기나 정보 공유 같은 사회적 목적의 의사소통을 하는 데 있어서의 결함

  2. 교실과 운동장에서 각기 다른 방식으로 말하기, 아동과 성인에게 각기 다른 방식으로 말하기, 그리고 매우 형식적인 언어의 사용을 피하는 것과 같이 맥락이나 듣는 사람의 요구에 맞

추어 의사소통 방법을 바꾸는 능력에 있어서의 손상

3. 자기 순서에 대화하기, 알아듣지 못했을 때 좀 더 쉬운 말로 바꾸어 말하기, 상호작용을 조절하기 위해 언어적·비언어적 신호를 사용하기와 같이 대화를 주고받는 규칙을 따르는 데 있어서의 어려움

4. 무엇이 명시적 기술이 아닌지(예, 추측하기), 언어의 비문자적 또는 애매모호한 의미(예, 관용구, 유머, 은유, 해석 시 문맥에 따른 다중적 의미)가 무엇인지를 이해하는 데 있어서의 어려움

B. 개별적으로나 복합적으로 결함이 효과적인 의사소통, 사회적 참여, 사회적 관계, 학업적 성취 또는 직업적 수행의 기능적 제한을 야기한다.

C. 증상의 발병은 초기 발달 시기에 나타난다(그러나 결함은 사회적 의사소통 요구가 제한된 능력을 넘어설 때까지는 완전히 나타나지 않을 수 있다).

D. 증상은 다른 의학적 또는 신경학적 상태나 부족한 단어 구조 영역과 문법 능력에 기인한 것이 아니며, 자폐스펙트럼장애, 지적장애(지적발달장애), 전반적 발달지연, 또는 다른 정신질환으로 더 잘 설명되지 않는다.

명시되지 않는 의사소통장애

Unspecified Communication Disorder

진단기준   307.9(F80.9)

이 범주는 사회적, 직업적, 또는 다른 중요한 기능 영역에서 임상적으로 현저한 고통이나 손상을 일으키는 의사소통장애의 특징적인 증상들이 두드러지지만, 의사소통장애 또는 신경발달장애 진단 부류에 속한 장애 중 어느 것에도 완전한 기준을 만족하지 않는 발현 징후들이 적용된다. 명시되지 않는 의사소통장애 범주는 기준이 의사소통장애 또는 특정 신경발달장애의 기준에 맞지 않은 이유를 명시할 수 **없다고** 임상의가 선택한 상황들에서 사용되며, 좀 더 특정한 진단을 내리기에는 정보가 불충분한 발현 징후들을 포함한다.

2. 의사소통장애 특성

1) 언어적 특성

- 의사소통장애 아동은 일반 아동과 달리 언어가 출현하는 시기가 지체되는 경향이 있고, 출현 이후 완전히 습득하는 시간도 일반 유아의 평균 언어발달보다 느리게 진행되며, 일반 유아가 보이는 오류보다 더 많은 오류를 나타내거나 질적 차이를 보이기도 한다.
- 단어 인지력, 독해력, 연산 능력과 같이 학습에 필요한 기술 습득이 어려워 학업성취도 평가 및 지적 능력 평가에서 평균보다 낮은 점수를 보인다.
- 자신의 생각을 표현하거나 다른 사람의 생각을 이해하는 것에 어려움을 느낀다.
- 수용언어의 문제로 질문에 적절하게 반응하지 못하고, 언어적인 지시를 따르는 것이 어렵다. 또한 추상적으로 생각하기 어렵거나 관용구에 포함된 추상적인 개념을 이해하기 어렵다.
- 언어적으로 설명한 이야기의 순서를 잘 기억하지 못한다.
- 사회적 언어사용이 빈약하다. 특정 상황에 맞도록 의사소통 스타일을 변화시키지 못하며, 대화가 끊어질 때 회복시키지 못하고, 대화의 주제를 유지하기 어렵다.
- 의사소통장애 아동의 제한된 언어적 기능은 아동의 사회성 기술, 문제행동과도 관련된다. 의사소통장애 아동은 또래관계에서 구어적 해결 시도를 덜하고 단순하고 충동적인 해결방법을 찾게 되어 상호작용에서 도움을 받지 못하고 문제상황에서 효율적 의사소통을 하지 못한다.

2) 정서적 특징

- 상대방으로부터 거절, 창피, 열등감으로 인하여 낮은 자존감을 형성하여 부정적인 경험으로 인해 좌절과 분노를 경험하게 되고, 이로 인하여 적대감, 좌절감, 위축 행동을 유발하게 된다. 특히 자신의 요구를 적절하게 표현하기 어려워 대인관계가 미숙하고 부적절한 방법으로 의사소통을 시도한다. 부적절한 의사소통 및 단어선택으로 인하여 상대방에게 충분한 정보를 제공하지 못한다.
- 말더듬의 경우 사회적인 어려움을 심각하게 경험하게 되면서 자신감과 자존감에 부정적인 영향을 미친다.

짚고 가기

아기는 태어나는 순간 울음을 통해 세상과 소통하기 시작한다. 아기는 울고, 우유를 먹고, 움직이는 등의 모든 활동을 통해 입술, 구개, 혀, 코 등 소리를 내기 위해 필요한 신경근육들을 발달시키고, 발성 및 호흡을 조절한다. 우는 것뿐 아니라 웃거나 찡그리는 등의 여러 얼굴 표정을 통해서도 신경근육들을 발달시키며 엄마나 친한 사람의 특정 소리에 반응을 하고 입 안에서 만들어 내는 소리와 옹알이를 통해 조음기관을 자극시킨다.

아기는 생후 1년이 되면 의미 있는 단어로 의사소통이 시작된다. 엄마를 열두 번도 넘게 부르며 원하고 필요한 것을 엄마라는 단어 하나로 모두 해결하기도 한다. 엄마는 아기에게 맘마, 엄마, 아빠, 까까, 빠빠 등 단어를 가르쳐 주며 아기와 본격적인 의사소통을 시작하게 된다.

아이의 의사소통은 성장함에 따라 점차 복잡해진다. 구사할 수 있는 언어가 다양해짐에 따라 주변의 많은 것들에 대해 관심을 가지고 상호작용을 시도한다. 주변의 사물 및 사람들에게 관심을 가지고 그들과 대화를 시도하고, 정보를 찾고, 경험을 나누며 감정을 표현하려고 한다. 또한 다른 사람과의 적절한 거리, 목소리, 눈 맞춤과 같은 비언어적인 대화기술을 습득해 나간다.

의사소통은 상호 간의 소통을 하기 위해 생각이나 감정, 정보 등을 나누는 것이다. 상호 간의 소통이라는 것은 혼자서 이루어질 수 없는 것이며 메시지를 전달하는 사람과 메시지를 전달받는 사람이 필요하다. 소통을 하기 위해서는 보통 말이나 언어를 사용하며, 몸짓, 자세, 표정, 억양, 노래, 춤 등과 같은 비언어적인 요소들까지도 포함되기 때문이다.

아이가 3세 이후까지도 자발적인 언어를 사용하지 않거나 상대방과 원활한 의사소통이 이루어지지 않는 경우들이 있다. 이러한 경우 우리는 의사소통장애를 의심해 보아야 할 것이다.

　　의사소통장애는 언어적·비언어적 형태의 정보를 교환하는 데 장애가 있는 것을 말한다. 의사소통장애는 크게 말장애와 언어장애로 나눌 수 있다. 말장애는 발음이 대치되거나 생략, 왜곡되는 등의 조음장애, 부적절한 속도로 말이 너무 빠르거나 말의 흐름이 부드럽지 못하고 음절이나 단어를 반복하는 등의 유창성장애, 목소리의 질, 높낮이, 크기에서의 변형으로 나타나는 발성장애와 공명장애를 포함한 음성장애로 나뉜다. 언어장애는 3세 이후까지도 자발적인 언어를 사용하지 않거나 언어의 이해가 어려운 구어의 결여, 반향어 등을 사용함으로써 상대방과 의사소통이 질적으로 다른 경우, 전형적인 언어 발달 단계를 거치지만 발달속도가 또래에 비해 현저히 느린 경우, 청각이나 두뇌 기능 손상으로 인한 언어장애를 나타내는 경우를 말한다.

　　의사소통장애 아동은 신경근육들이 제 기능을 못하는 경우가 많다. 특히 말장애 아동의 경우 신경근육들의 제 기능을 위하여 호흡 훈련, 혀 훈련, 입술 훈련 등을 실시한다. 조음장애, 유창성장애, 발성장애, 공명장애 아동을 치료하기 위하여 미술치료로 호흡을 도와준다면 아동의 흥미나 관심을 유도하는 데 많은 도움이 될 것이다.

　　의사소통장애 아동은 단어의 인지, 독해력, 연산 능력 등 학습과 관련된 다양한 측면에서 어려움을 가지고 있어 학업성취에 부정적인 영향을 받는다. 상황의 이해 및 추상적인 사고의 어려움으로 인해 사회적 상황이나 상징에 대한 이해가 힘들다. 또한 자신의 생각을 언어로 표현하기 어려워해서 짧은 단어로만 표현하거나, 언어로 표현하지 못하는 답답함을 부적절한 행동으로 나타내기도 한다. 또래나 주변 사람들은 아동의 표현을 정확히 이해하기 어려워 아동이 의도한 부분과는 다른 해석을 하기도 하며, 관계의 문제나 사회적 갈등을 해결하는 데 어려움을 겪기도 한다. 그림을 통해 자신을 표현하는 미술치료와 사진을 활용한 미술치료는 이러한 어려움과 자신의 생각을 언어로 표현하는 부담감을 가지고 있는 의사소통장애 아동에게 말하고자 하는 것을 쉽고 정확하게 표현할 수 있게 하고, 타인과의 상호작용에 도움을 주며, 그림을 그리는 활동을 통해 즐거움과 표현의 재미도 느끼게 할 수 있다.

의사소통장애 아동은 언어 표현의 제한과 관계에서 생기는 속상하고 좌절된 경험들로 인해 부정적 자아개념이 형성되거나 낮은 자존감, 우울감 등 심리적 장애를 동반하기도 한다. 그러므로 의사소통장애 아동이 언어로 표현하지 못한 욕구나 감정을 미술치료를 통해 안전하게 발산시키고 표현하는 미술치료 활동은 심리적·정서적 안정에 매우 중요하다.

함께 가기

호흡놀이

▌목 표

1. 미술치료를 접목한 놀이로 자연스럽게 호흡훈련을 하여 즐거움을 느끼고 심리적 이완을 경험할 수 있다.
2. 세밀하게 조절되는 호흡운동을 통하여 호흡근육(횡격막, 갈비사이근, 가슴근육, 목근육, 목뒤근육, 배근육)과 조직(허파의 조직)의 탄력성이 강화될 수 있다.

▌단계별 적용

정상적인 말 산출을 위해서는 호흡, 발성 및 조음기관의 협응이 요구된다. 불규칙한 호흡 패턴은 말의 리듬과 운율에 영향을 미치고 유창성장애를 유발할 수 있으므로 정상적인 말 산출을 위해서는 호흡의 조절이 중요하다. 반복적인 호흡훈련은 지루하고 근긴장도를 높여 역효과를 일으키므로 아동의 자발적 호기와 흡기를 자극하는 장점이 있는 미술치료를 적용한 호흡훈련은 즐겁고도 효과적이다. 호흡훈련을 할 때에는 빠른 흡기 이후 호흡을 길게 조절하여 목적하는 만큼 호기를 유지하도록 지도해야 한다. [1단계]에서는 짧게 숨을 내쉬거나 들이마시는 호흡훈련과 함께 스트레스를 표현하여 봄으로써 심리적 이완을 경험하도록 한다. [2단계]에서는 놀이를 접목한 미술치료를 통해 호흡훈련에 대한 심리적인 부담감과 긴장감을 줄일 수 있다. [3단계]에서는 호기를 조절하는 훈련을 하면서 동시에 이루고 싶은 목표의 성취를 경험해 본다.

청소기

▌준비물

다양한 종류의 빨대, 일회용 컵, 비닐봉지, 색지, 유성매직, 사인펜, 가위, 테이프, 글루건

▌활동방법

1. 자신이 받은 스트레스를 떠올려 휴지에 적고 뭉친다.

2. 스트레스를 적은 휴지를 없애기 위해 다양한 방법(예: 찢기, 버리기, 불기, 태우기 등)을 탐색한다.

3. 스트레스를 적은 휴지를 없앨 수 있는 방법의 한 가지인 청소기로 빨아들이는 것에 대한 이야기를 나눈 후 청소기의 기능과 원리를 탐색한다.

4. 빨대를 이용하여 자신의 스트레스를 빨아들일 수 있는 청소기 호스를 만든다. 일회용 컵의 입구 부분을 잘라 먼지를 빨아들일 수 있는 브러시와 먼지통을 만들고 꾸민다.

5. 비닐봉지를 사용하여 헤파필터를 만든다. 헤파필터는 미세 먼지를 포함해 필터에 잡힌 곰팡이나 박테리아를 제거할 수 있는 기능이 있다. 이처럼 마음 상했던 말들 또는 잊어버리고 싶은 나쁜 말들을 찾아 비닐봉지에 적고 꾸민다.

6. 청소기 호스와 브러시와 먼지통을 연결시키고 헤파필터를 연결시킨 후 글루건으로 고정시킨다.

7. 스트레스를 적은 휴지를 청소기 브러시 앞에 놓고 자신의 호흡을 이용하여 청소기
   로 스트레스를 적은 휴지를 빨아들인다.

8. 활동 후 느낀 점에 대해서 이야기 나눈다.

과정 1. 휴지에 스트레스 적고 뭉치기

과정 2. 빨대로 청소기 호스 만들기

과정 3. 일회용 컵으로 청소기 브러시 만들기

과정 4. 청소기 먼지통 만들기

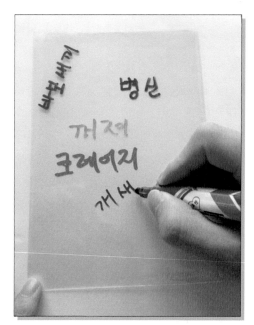

과정 5. 헤파필터 만들기

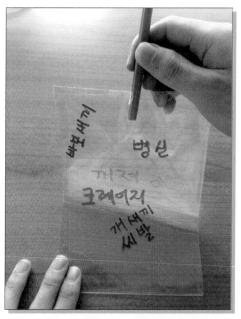

과정 6. 헤파필터 연결고리 끼우기

과정 7-1. 헤파필터 청소기에 연결하기

과정 8. 청소기 사용하기

사례 1.
의사소통장애, 초등4, 남학생

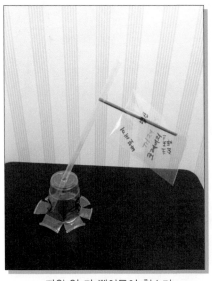

파워 업 다 빨아들여 청소기

말더듬으로 인하여 지적을 많이 받는다. 엄마의 잔소리와 친구들이 나를 바라보는 눈빛, 꼭 말을 해야 될 때 스트레스가 된다. 내 입은 왜 자꾸만 더듬게 되는지, 왜 내 생각대로 멋지게 말이 나오지 않는지 너무 속상하다.

이 스트레스들을 전부 청소기로 빨아들여 버리면 좋겠다. 지우개 가루 청소기처럼 들고 다니면서 스트레스 상황에서 청소기를 쓰고 싶다.

사례 2.
의사소통장애, 중등2, 여학생

스마일 청소기

스트레스를 빨아들이면 스마일 스티커에 불이 들어올 것이다. 스트레스를 많이 빨아들일수록 내 기분은 행복해질 것 같다. 친구들이 나를 괴롭히고 놀리는 말들이 스트레스인데 이 스트레스를 청소기에 넣고 빨아들이고 싶다. 청소기를 사용하면 모든 것이 깨끗해져 하늘처럼 맑게 해 주는 것 같아 청소기 호스를 하늘색으로 칠하였다. 1등급으로 힘을 많이 들이지 않고서도 청소기를 사용할 수 있다.

| Tip

1. 스트레스를 적은 휴지를 빨대로 빨아들이기 어렵다면 뭉치지 않고 사용하거나, 더 가벼운 깃털을 이용할 수 있다.

2. 반대로 휴지가 가벼워 한 번에 빨아들이기 쉽다면 개수를 늘리거나, 종이류나 천으로 바꾸어 빨대로 빨아들이며 호흡훈련을 해 본다.

3. 헤파필터를 만들어서 숨을 들이마실 때 필터가 쪼그라들고 숨을 내뱉을 때 부풀어 오르는 것을 시각적으로 확인하여 호흡조절력을 향상시킬 수 있다.

예시 1. 헤파필터가 부풀어 오른 모습

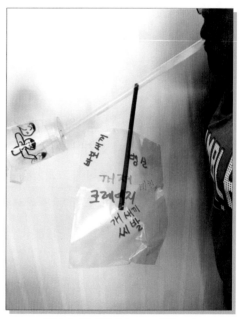

예시 2. 헤파필터가 쪼그라든 모습

번지점프

▌준비물

상자나 블록, 빨대, 낚싯줄, 색지 및 종이, 사인펜, 가위, 풀, 테이프

▌활동방법

1. 번지점프가 무엇인지 탐색한다.

2. 번지점프를 할 때 용기를 내서 해야 하는 것처럼 아동은 용기를 내어 도전하고 싶은 것들을 탐색해 종이에 그리거나 적는다.

3. 자신의 외모나 성격, 특성 등을 탐색한 후 비슷한 동물을 찾아 그림으로 그린다.

4. 자신을 표현한 동물과 잘 어울리는 동물들을 찾아 종이에 그림으로 그린 후 가위로 자른다.

5. 상자나 블록을 쌓아 올려 번지점프를 할 수 있는 번지점프대를 만들고, 용기를 내어 도전하고 싶은 것을 그리거나 적은 종이를 번지점프대에 붙인다.

6. 동물의 몸과 다리에 낚싯줄을 이용하여 안전 끈을 매고 반대쪽 끝을 번지점프대에 연결한다.

7. 빨대로 동물 그림을 빨아들여 계단 번지점프대 위에 올린다.

8. 빨대로 동물 그림을 불어 동물이 번지점프를 하도록 한다.

9. 활동 후 느낀 점에 대해서 이야기 나눈다.

과정 1. 동물 친구들 만들기

과정 2. 도전 목록 만들어 번지점프대에 붙이기

과정 3. 동물의 몸에 안전끈 매달기

과정 4. 번지점프대에 동물 연결하기

과정 5. 번지점프대 위로 동물 빨아올리기

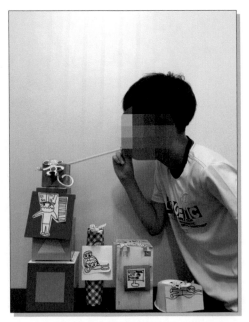
과정 6. 불어서 동물 번지점프 하기

▌Tip

1. 우리 가족을 동물로 표현하여 동물 가족화를 만들어 봄으로써 아동이 심리적으로 느끼는 가족 간의 역동을 관찰할 수 있다.

2. 집단으로 함께 할 때에는 빨대로 동물 그림을 빨아들이는 아동을 제외한 다른 아동이 동물의 울음소리를 흉내 내어 응원하도록 한다. 번지점프 대신 동물 그림을 이용하여 달리기를 해도 좋다.

호흡 트랙

┃ 준비물

탁구공, 색지, 세모 모양 색지, 매직 또는 사인펜, 이쑤시개

┃ 활동방법

1. 마라톤 또는 100m 달리기에 대해 알아본다.

2. 1주일 혹은 1달 동안 자신이 이루고 싶은 구체적이고 실천 가능한 행동 목표 4~5가지를 생각한다(예: 줄넘기 10개 통과하기, 받아쓰기 100점 등).

3. 이루고 싶은 목표 4~5가지를 각각 색지에 그림으로 그리거나 글로 적는다.

4. 목표를 이루면 받고 싶은 보상을 탐색하여 작은 색지에 그림으로 그리거나 글로 적어 목표 이룸 종이를 만든다.

5. 목표를 그린 색지를 반으로 접고 부채 접기와 같이 양면을 바깥으로 다시 여러 번 접어 반복된 산 모양을 만든다.

6. 목표를 그린 색지를 연결하여 트랙을 만들고 트랙 앞에 탁구공을 놓은 후 입으로 탁구공을 끝까지 분다.

7. 트랙을 통과하면서 가장자리에 놓아둔 목표 이룸 종이를 획득한다.

8. 활동 후 느낀 점에 대해서 이야기 나눈다.

과정 1. 이루고 싶은 목표 그리기

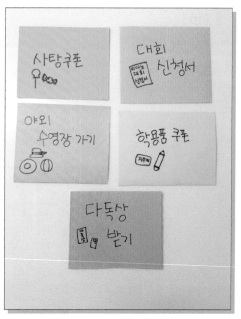

과정 2. 목표 이룸 종이 작성

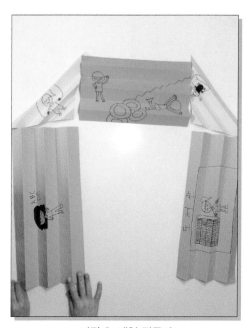

과정 3. 레일 만들기

과정 4. 활동하기

▌Tip

1. 불기가 어려운 아동은 여러 번 나누어 불도록 하는 것이 좋다.

2. 빨대를 이용하여 조절하여 불도록 하는 것도 좋다.

예시. 빨대 이용하여 불기

2

사진놀이

▌목 표

1. 카메라를 이용하여 자유롭게 사진을 찍어 봄으로써 즐거움을 느끼고, 자신이 만든 작품을 통하여 성취감을 느낄 수 있다.
2. 사진을 통해 자신에게 중요한 것들을 탐색해 볼 수 있고, 다양한 방법으로 사진을 변형시켜 봄으로써 다양한 관점이 무엇인지 경험할 수 있다.

▌단계별 적용

사진을 찍는 것은 그 순간을 추억하거나 기념하고 싶다는 의미다. 부모는 아이가 예쁜 행동을 하는 그 순간을 담아 주기 위해 카메라로 사진을 찍어서 보여 주기도 하고, 아이는 혼자 카메라를 가지고 자신의 주변의 이것저것을 찍기도 한다. 사진작업을 통한 미술치료는 미술 표현이 어려운 아동에게 표현의 즐거움을 주어 자기표현능력이 향상되도록 한다. [1단계]는 카메라로 직접 촬영하면서 세상에 대한 관심을 가지고 자신과 관계된 주변 환경을 탐색해 보며 마음에 드는 것과 좋아하는 것들이 무엇인지 알아 가는 활동이다. [2단계]에서는 자신과 관계된 것들을 사진으로 찍고 확대 · 축소 등 다양한 방법으로 사진을 변형시켜 새로운 시각으로 세상을 볼 수 있는 기회를 제공한다. [3단계]에서는 자신의 신체를 카메라로 정확하게 찍어 조절력을 키우고 콤플렉스를 다양한 방법으로 표현하여 긍정적인 자기상을 가지도록 한다.

**1
단
계**

마구 찍기

┃ 준비물

카메라, 도화지, 사인펜, 가위, 풀

┃ 활동방법

1. 핸드폰의 카메라 또는 디지털 카메라를 이용하여 자유롭게 사진을 찍는다.

2. 마음에 드는 사진을 몇 장 골라 출력한다.

3. 카메라 앵글로 볼 때와 사진으로 볼 때를 비교하여 비슷한 점과 다른 점들을 찾는다.

4. 프린트한 사진들을 관찰한 후 자신에게 어떤 의미인지 알아보고 사진에 제목을 붙인다.

5. 도화지에 가장 마음에 드는 사진을 한 장 붙이고 주변 환경을 꾸민다.

6. 활동 후 느낀 점에 대해서 이야기 나눈다.

과정 1. 자유롭게 사진 찍기

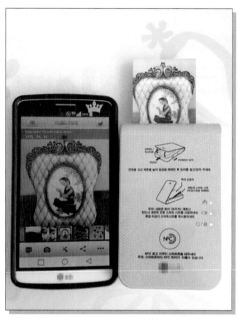

과정 2. 마음에 드는 사진 출력하기

과정 3. 카메라 앵글로 인화하여 보았을 때
비슷한 점과 다른 점 찾기

과정 4. 마음에 드는 사진의 주변 환경 꾸미기

크고 작게 찍기

▌준비물

카메라, 도화지, 사인펜, 풀, 가위

▌활동방법

1. 핸드폰의 카메라 또는 디지털 카메라를 이용하여 자유롭게 사진을 찍는다.

2. 찍은 사진을 살펴보면서 가장 마음에 드는 사진 1장과 가장 마음에 들지 않는 사진 1장을 고른다.

3. 마음에 드는 사진은 확대하고, 마음에 들지 않는 사진은 축소하여 출력한다.

4. 사진을 확대하거나 축소해서 보게 됨으로써 기존의 사진에서 미처 발견하지 못한 부분이 있는지 찾는다.

5. 확대한 사진을 도화지에 붙이고, 어울리도록 배경을 그린다.

6. 축소한 사진을 도화지에 붙이고, 어울리도록 배경을 그린다.

7. 확대한 사진처럼 자신에게 크게 느껴지거나 강조하고 싶은 일들을 찾는다.

8. 축소한 사진처럼 작게 만들어 눈에 띄지 않게 하거나 지워 버리고 싶은 일들을 찾는다.

9. 활동 후 느낀 점에 대해서 이야기 나눈다.

과정 1. 자유롭게 사진 찍기

과정 2. 마음에 드는 사진,
마음에 들지 않는 사진 고르기

과정 3. 마음에 드는 사진 확대하기

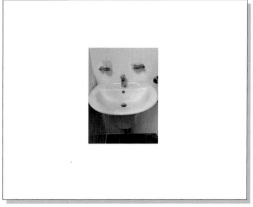

과정 4. 마음에 들지 않는 사진 축소하기

사례　　　　　　　　　　　　　　　　　　　　　　　의사소통장애, 초등2, 여학생

마음에 드는 사진: 센터에 있는 매실 나무가 너무 마음에 든다. 매실을 따고 싶은데 아직 아기라서 기다리고 있다. 큰 매실이 되면 내가 따고 싶다. 꽃이 지고 열매가 된다는 것은 꼭 마술 같아서 너무 마음에 든다. 나에게도 이러한 마술 같은 일이 생겼으면 좋겠다. 오늘 밤 자고 일어나면 말을 더 듬지 않으면 얼마나 좋을까? 놀림도 받지 않고, 엄마나 주변 사람들이 나에게 천천히 말하라는 말도 안 할 텐데……. 매실이 쑥쑥 크는 동안 나도 열심히 연습해서 말을 안 더듬었으면 좋겠다.

마음에 들지 않는 사진: 매일 밤마다 세수하고 목욕하는 것이 싫다. 하루에 1번만 씻었으면 좋겠다. 세면대가 마음에 들지 않아 작은 토끼 인형의 세면대로 표현하였다.

멋지게 찍기

▌준비물

카메라, 신체를 꾸밀 수 있는 물건들(매니큐어, 꽃반지, 천 등)

▌활동방법

1. 평상시 자신의 얼굴이나 신체 중 마음에 들지 않는 부분을 찾아 어떻게 바뀌었으면 좋겠는지 생각한다.

2. 마음에 들지 않는 얼굴이나 신체의 한 부분이 나오도록 사진을 찍는다.

3. 그 부분이 멋지게 나오려면 어떻게 사진을 찍는 것이 좋을지 생각(예: 다양한 곳에서 찍기, 조명을 두어 찍기, 꾸며서 찍기, 다양한 각도로 찍기, 폴라로이드 카메라로 찍기 등)한 후 멋지게 사진을 찍는다.

4. 카메라의 각도나 거리를 조정하여 멋지게 찍은 것처럼 평상시 얼굴이나 신체 부분 중 마음에 들지 않지만 멋지게 느낄 수 있는 방법에 대해 생각한다.

5. 마음에 들지 않는 부분의 사진과 멋지게 꾸며 찍은 사진을 보고 비교하여 이야기 나눈다.

6. 활동 후 느낀 점에 대해서 이야기 나눈다.

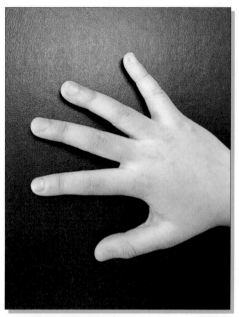

과정 1. 마음에 들지 않는 부분 사진 찍기

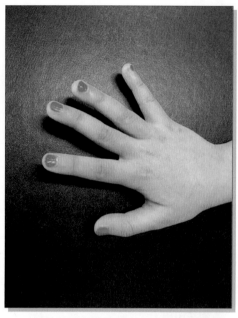

과정 2-1. 다양한 방법으로 사진 찍기

과정 2-2. 다양한 방법으로 사진 찍기

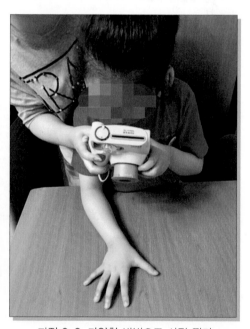

과정 2-3. 다양한 방법으로 사진 찍기

과정 2-4. 다양한 방법으로 사진 꾸미기

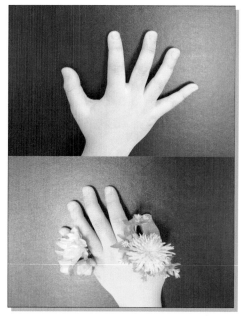

과정 3. 비교하여 설명하기

▌Tip

1. 신체의 한 부분을 화장이나 조명, 카메라의 렌즈, 다른 종류의 카메라(폴라로이드, 흑백카메라, 핸드폰의 다양한 카메라 어플 등)로 바꾸어 사진을 찍어 보면서 동일한 대상이 다양한 이미지로 바뀌어 인식될 수 있음을 경험한다.
2. 배경을 다르게 하여 사진을 찍어 보는 것도 사진이 멋지게 나올 수 있다.
3. 찍은 사진을 인화하여 포트폴리오를 만들거나 앨범 만들기를 하여 한눈에 알아볼 수 있도록 만들어 보면서 긍정적인 시각으로 바라볼 수 있다.

도안놀이

▌목 표

1. 자극그림을 통하여 그림에 대한 부담감을 감소시키고, 이야기를 덧붙임으로써 자신의 생각과 상상력을 자연스럽게 표현할 수 있다.
2. 자신이 가진 문제 상황이나 갈등을 은유적으로 표현할 수 있는 기회를 제공하여 긍정적으로 해결할 수 있는 방법을 찾을 수 있다.

▌단계별 적용

의사소통장애 아동은 질문에 대해 적절하게 반응하기 어렵고 추상적인 내용을 이해하거나 표현하는 데 어려움이 있다. 또한 자신의 감정을 알아차리고 다른 사람에게 표현하는 것이 어렵다. 의사소통장애로 인하여 걱정, 불안, 억압 등을 가지고 있고 방어적이거나 표현하는 것 자체에 두려움이 있는 아동에게는 그림을 그리는 것도 표현의 일부라 저항이 있을 수 있다. 그러나 자극그림을 이용한 미술치료는 그림이나 간단한 이미지에 자신의 마음이나 생각을 추가하여 그림을 그리면서 언어로 표현하지 않아도 표현할 수 있는 장점이 있다. [1단계]는 눈에 보이지 않는 추상적인 개념인 뇌 구조 그림을 제시함으로써 평소 자신의 생각을 시각화하여 탐색할 수 있도록 한 활동이다. [2단계]에서는 절벽 이미지에 자신의 심리적 어려움을 투사시켜 살펴보고 문제를 해결할 수 있는 방법을 탐색해 볼 수 있다. [3단계]에서는 슬픈 감정이나 부정적인 감정을 탐색하여 적절하게 표현할 수 있도록 한다.

뇌구조 도안

▌준비물

도안(뇌구조), 사인펜, 색연필

▌활동방법

1. 뇌구조가 그려진 도안을 받는다.

2. 도안 속 그림을 보면서 어떤 그림인지 이야기 나눈 후 여러 가지 질문을 떠올리고
   이야기 나눈다.

   • 질문의 예: 누구의 머릿속 뇌구조인가?

   　　　　　　　무슨 생각을 하고 있는가?

   　　　　　　　생각의 크기는 얼마인가?

   　　　　　　　생각의 무게는 얼마인가?

3. 자신은 요즘 어떤 생각을 주로 하는지 이야기 나눈다.

4. 뇌구조 안에서 각 부분의 크기와 위치를 고려하여 도안에 그림으로 그리거나 글로
   적는다.

5. 치료사는 아동이 부정적인 생각을 그리더라도 허용하고 격려한다.

6. 시각화된 자신의 뇌구조를 보면서 많이 하는 생각과 적게 하는 생각은 무엇인지
   찾는다.

7. 더 하고 싶은 생각이나 줄이고 싶은 생각이 있다면 무엇인지 탐색하고 방법을 찾
   는다.
8. 활동 후 느낀 점에 대해서 이야기 나눈다.

사례 1.

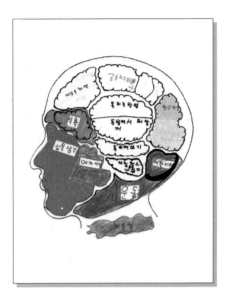

요새 성에 대한 생각이 떠나질 않는다. 빨리 여자 친구가 생겼으면 좋겠다. 나의 성적 생각은 빨간색으로 나에게 아주 강렬하며 예쁜 여자를 바라볼 때의 눈빛이 변하는 나를 느낀다. 나의 뇌구조에서 제일 많이 차지하고 있으며 그 무게도 만만치 않다. 운동을 해야 하는데 생각은 있지만 실천이 잘 되지 않는다. 운동 생각을 하면 꼭 뒷목이 뻐근한 것처럼 느껴져서 목 뒤쪽으로 표현하였다. 곧 성인이 된다는 생각에 '돈을 어떻게 벌어야 하나?' 하는 생각이 크다. 성욕 생각의 50%도 안 되지만 앞으로 무엇을 해야 할지에 대한 생각이라 꼭 머릿속으로 염두해 두고 있어야만 할 것 같아 중간에 표현하였다.

사례 2.

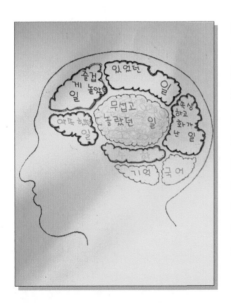

나는 무섭고 놀라는 일이 많다. 작은 일에도 깜짝깜짝 놀라서 심장이 두근두근하다. 엄마는 별일 아니라고 하지만 나에게는 너무 크게 느껴진다. 그래서 무섭고 놀랐던 일을 제일 크게 그렸다. 두 번째는 즐겁게 놀았던 일을 생각하는 것이다. 요즘 너무 심심하다. 매일매일 같은 일밖에 없다. 즐겁게 놀고 싶은데, 수영장에도 가고 싶은데 엄마랑 아빠는 바쁘다. 혼자 집에 있는 일이 많아서 즐겁게 놀았던 일을 자주 생각한다. 세 번째로는 속상하고 화가 난 일이다. 언니가 중학생인데 언니 방에 들어가지도 못하게 해서 너무 속상하고 화가 난다. 내 머리의 뒤쪽으로 공부가 있다. 공부가 너무 어렵고 잘 되지 않는다. 공부가 없었으면 좋겠다.

사례 3.

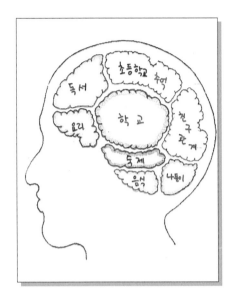

학교에서 일어나는 일들이 걱정이다. 매일매일 다른 일이 일어난다. 초등학교 때와는 너무 많이 다르다. 초등학교 때 친구들과 잘 지냈던 때가 그립다. 친구들이 많이 챙겨 줬는데 중학교 친구들은 많이 낯설다. 학교에 가는 것이 너무 싫고 학교에 가면 또 무슨 일이 일어날까 너무 걱정된다. 학교에 대한 걱정이 내 머릿속의 50% 이상을 차지하고 제일 무겁다. 두 번째로 무겁고 큰 것은 친구관계이고, 초등학교의 추억은 똑같은 무게와 크기다.

사례 4.

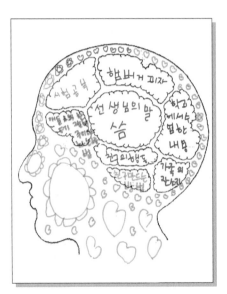

중학교에 올라가니 새롭게 시작해야겠다는 생각이 많이 들었다. 선생님의 말씀이 제일 중요하다. 중학교에는 선생님들이 너무 많지만 우리 반 선생님의 말씀을 제일 잘 들어야 된다. 초등학교 때의 친구들과는 다르게, 중학교에는 멋진 친구들이 많다. 나는 친하게 지내고 싶어서 그 친구에게 인사를 하는데, 그 친구는 나에게 많은 욕을 한다. 학교에서 열심히 하려고 노력하는데 수업한 내용이 잘 떠오르질 않는다. 수업한 내용이 기억이 나야 시험 공부를 잘 할 수 있을 텐데…… 시험 공부를 잘해서 친구들이 나를 멋지게 봐 줬으면 좋겠다.

▌Tip

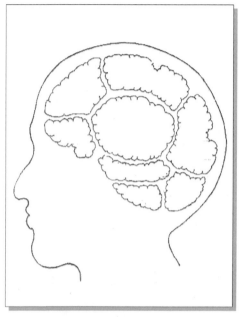

예시. 참고 도안. 뇌구조[1]

---

1) KBS2 드라마 〈꽃보다 남자〉 홈페이지(http://www.kbs.co.kr/drama/f4).

절벽 도안

▮ 준비물

도안(절벽), 사인펜, 색연필

▮ 활동방법

1. 절벽이 그려진 도안을 받는다.

2. 도안 속 그림을 보면서 어떤 그림인지 이야기 나눈 후 여러 가지 질문을 떠올리고
   이야기 나눈다.

   • 질문의 예: 절벽을 본 후 어떤 생각이 드는가?

   절벽의 높이는 얼마나 높은가?

   절벽 아래에는 무엇이 있는가?

   절벽 주위의 주변 환경은 어떠한가?

3. 치료사는 아동에게 "여기는 절벽입니다. 한 사람이 절벽 위에 있습니다. 절벽 어디
   쯤에서 무엇을 하고 있을 것 같은지 생각 후 그림을 그려 보세요. 그림은 자신의 마
   음에 따라 변경할 수 있어요."라고 설명을 하면 아동은 도안에 그림을 그린다.

4. 완성 후 그림을 보면서 어떤 느낌이 드는지 이야기 나눈다.

5. 치료사는 아동이 위태로워 보이는 그림을 그리더라도 허용하고 격려한다.

6. 이 상황에서 문제를 해결할 수 있는 방법이나 도움을 줄 수 있는 사람 등을 탐색한다.

7. 활동 후 느낀 점에 대해서 이야기 나눈다.

사례 1.

길을 잃어 절벽까지 오게 되었다. 절벽이 조금 급박한 느낌이다. 절벽 끝에 서니 바다가 보인다. 바다에는 사람들이 곤돌라 경주를 하고 있고, 민들레 홀씨가 흩날리고 있다. 민들레 홀씨가 날아오는 모습이 신기하다. 내가 알고 있는 곳이 아닌 다른 곳에 온 듯한 느낌이 들지만 이곳에서 벗어나고 싶지 않다. 조용하고 저 멀리까지 보여 여기에 앉아서 쉬고 싶다는 생각이 든다. 1주일에 3~4번 정도 이런 느낌과 기분이 드는 것 같다. 긍정적인 시각으로 바라본다면 길을 잘못 들었는데 이렇게 태평할 수 있나? 나도 모르는 여유를 찾는 느낌이 든다. 나에게 필요한 것은 휴식인 것 같다.

사례 2.

절벽 아래 곰이 있다. 절벽은 너무 가파르고 너무 높다. 아래를 쳐다보니 무섭다. 절벽 아래에 있는 곰은 아래층에 사는 무서운 아줌마 같다. 조금만 뛰어도 인터폰이 울려 무섭다. 집에서는 숨만 쉬어야 할 것 같다. 곰과 잘 지낼 수 있는 방법이 있다면 곰을 내 편으로 만들어야 할 것 같다. 자세히 보니 곰인형 모습과 비슷하게 보인다. 곰이 나에게 인사를 하는 것처럼 보이기도 한다. 아래층 아줌마와 친하게 지내고 나도 발뒤꿈치를 들고 살살 걸어 다니도록 노력해야겠다.

사례 3.

절벽 아래 친구들이 나를 보며 욕을 한다. 친구들이 욕하는 것이 너무 싫고 우리 반 친구들이 무섭다. 절벽이 꼭 얼음 조각 같다. 너무 떨어서 절벽에서 떨어져 아이들에게 구타를 당할 것 같다. 절벽 밑에 있는 친구들과 잘 지낼 수 있는 방법을 모르겠다. 친구들이 나에게 하는 욕을 나도 똑같이 친구들에게 하고 싶다. 하지만 욕을 하는 것은 나쁜 것이기 때문에 나는 참아야 한다. 참으니 자꾸 눈물이 나지만, 엄마가 참는 것이 이기는 것이라고 했기 때문에 나는 친구들에게 이기기 위해서 참아야만 한다.

사례 4.

중학생은 초등학생 때와 다르다. 매일 나에게 새로운 일들이 생기는데 힘들다. 발걸음을 옮길 때마다 절벽에서 돌이나 조각들이 떨어져 나간다. 내가 설 곳이 없는 것 같다. 학교에 다니는 것도 힘들고 눈물이 나는 것 같다. 초등학교의 시절이 너무 그립다. 여기서 이 사람에게 도움을 줄 수 있다면 어깨에 안전한 낙하산을 그려 주어 이 사람에게 힘을 실어 주고 싶다. 그리고 날씨도 좋아져서 하늘을 나는 것 같은 느낌이 들도록 해 주고 싶다.

Tip

예시 1. 참고 도안. 절벽[2]

---

2) 저자가 그린 도안.

자세 도안

▌준비물

도안(엎드려 있는 아이), 사인펜, 색연필

▌활동방법

1. 자세를 표현하는 행동 중 엎드려 있는 아이가 그려진 도안을 받는다.

2. 도안 속 그림을 보면서 어떤 그림인지 이야기 나눈 후 여러 가지 질문을 떠올리고
   이야기 나눈다.

   • 질문의 예:　엎드려 있는 아이는 누구인가?

   　　　　　　어디에서 엎드려 있는가?

   　　　　　　무엇 때문에 엎드려 있는가?

   　　　　　　아이는 엎드리기 전에 무엇을 했는가?

   　　　　　　아이는 나중에 어떻게 할 것인가?

3. 아동이 느끼는 대로 도안의 아이는 무엇을 하고 있는지 생각하여 그리고, 주변의
   상황도 추가하여 그린다.

4. 치료사는 아동이 부정적인 내용을 그리더라도 허용하고 격려한다.

5. 완성 후 그림을 보면서 사물이나 사람, 말이나 행동 등 그림 속 아이에게 필요한
   것이 무엇이 있을지 생각한 후 이야기 나눈다.

6. 활동 후 느낀 점에 대해서 이야기 나눈다.

사례 1.

의사소통장애, 고등1, 남학생

우울한 내 모습이다. 학교에서 성적표가 나왔는데 선생님한테 혼났다. 친구들에게도 공부 못한다고 놀림당했다. 너무나도 우울하다. 엎드려서 펑펑 운 다음에 신나게 게임을 한 판 하고 이런 우울함을 잊어버렸으면 좋겠다. 지금은 엎드려 있지만 며칠 있다가 이 아이는 이를 갈고 열심히 공부할 것이다. 수행평가 준비를 잘해서 수행평가에 만점을 받아 공부 못한다고 놀렸던 아이들의 코를 납작하게 해 줄 것이다. 엎드려 있는 아이에게 "괜찮아, 그럴 때도 있지. 너는 잘 할 수 있어! 멋진 놈이잖아~!" 라고 말해 주고 싶다.

사례 2.

의사소통장애, 중등2, 여학생

연극 무대에서 남자가 슬픈 척 연기를 하고 있다. 실연당한 남자다. 세상이 다 끝난 것처럼 우울하다. 이 남자는 연극배우가 꿈인데 처음 무대에 서서 너무나도 떨린다. 관객들은 남자의 연기에 심취하여 눈물을 흘리고 같이 슬퍼한다. 이 남자는 자신이 무가치하다고 생각했는데 관객들의 반응에 마음이 뜨겁다. 만약 내가 이 남자라면 떨려서 연기를 못할 것 같다. 이 남자처럼 나도 내 친구들과의 관계가 잘 되지 않을 때 집에서 자주 엎드려 있는다. 그러면 엄마가 나에게 다가와 이야기를 해 주는데, 그것이 위안이 되지는 않지만 그래도 엄마라도 내 옆에서 힘이 되어 주는 것이 좋다.

사례 3.

친구들이 나를 왕따시킨다. 나랑 같이 PC방 간 친구에게도 다른 친구들이 뭐라고 했다. 그 친구가 나랑 놀아 주지 않아서 속상하다. 나랑 같이 노는 친구들마저 적이 될까 두렵다. 나는 매일 교실 벽에 서서 혼자 쓸쓸히 서 있다. 친구들이랑 잘 지내고 싶은데 방법이 없다. 나에게 힘을 줄 수 있는 방법은 잘 모르겠다. 옆에 있는 친구들이 미소를 지으며 손을 잡아 주면 엎드려 있는 아이가 뒤를 돌아 웃을 것 같다.

사례 4.

언니는 놀러 가고 나는 집에 혼자 남아 있다. 같이 데리고 갔으면 좋겠는데 언니는 나를 데리고 가는 것을 싫어한다. 작은 요정이 있어서 나랑 놀아 주었으면 좋겠다. 나에게 아주 우울한 느낌이 든다. 이 우울한 느낌을 없애려면 친구들과의 수다, 언니와 함께 하는 놀이가 필요하다. 나는 주변의 애정이 필요한데 아무도 나에게 애정을 쏟지 않는 것 같다. 나에게 애정을 쏟게 하고 싶다. 나에게 애정을 쏟게 하려면 내가 더욱 약해져서 몸이 더 아프면 될 것 같다.

Tip

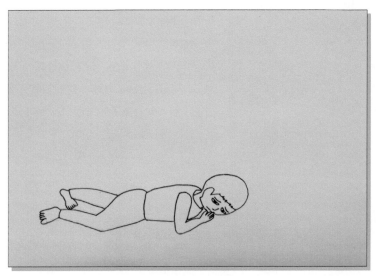

예시. 참고 도안. 엎드려 있는 아이[3]

---

3) 저자가 그린 도안.

스트레스 해소 놀이

4

▌목 표

1. 찍거나 두드리는 활동을 통하여 스트레스를 해소할 수 있다.
2. 자신을 힘들게 하고 스트레스 받게 하는 고민에 대해 알아보고, 그 요인을 최소화하는 방법을 탐색할 수 있다.

▌단계별 적용

아동의 스트레스는 아동의 역할, 발달 특징, 사회관계의 범주 등의 특성 때문에 성인과 다르며, 다양한 양상을 보인다. 아동은 성인과 달리 자신이 경험하는 스트레스에 효과적으로 대처하는 방법이나 능력이 부족하다. 의사소통장애 아동이 느끼는 말 기제의 민감함은 원활한 의사소통을 하는 데 방해요소로 반영되어 친숙하지 못한 환경에서 강한 불안감을 가지게 만든다. 말에 대한 심리적 부담은 말로 인한 어려움을 반복하여 경험하게 되면서 두려움과 좌절, 저항감 등의 부정적인 감정을 경험하게 하여 여러 상황에서 짜증 및 회피, 예민한 반응, 불면 등의 스트레스 증상으로 나타날 수 있다. 또한 학교에서도 낮은 집중력, 친구와의 다툼, 식욕부진 등으로 스트레스 증상을 표출한다. [1단계]에서는 스스로 스트레스를 받는 대상과 상황, 스트레스를 풀 수 있는 상황을 탐색하여 표현하고 신체활동을 통하여 스트레스를 감소시킨다. [2단계]에서는 부정적인 감정과 상황을 꺼내어 새로운 작품으로 승화시킨다. [3단계]에서는 자신의 이름에 호 또는 별칭 등을 붙여 불러 봄으로써 자신에게 새로운 힘을 불어넣어 긍정적인 힘을 갖도록 한다.

1
단
계

두드리기

▌준비물

다양한 크기의 종이컵, 뿅망치, 전지, 매직

▌활동방법

1. 스트레스 받는 말이나 행동 또는 스트레스 준 사람을 떠올린다.

2. 스트레스를 자주 받는 상황을 떠올리고 전지에 그린다.

3. 스트레스의 크기를 가늠해 보고, 그 크기에 맞추어 종이컵을 고른다.

4. 종이컵에 스트레스 받는 말이나 행동 또는 스트레스 준 사람을 그림으로 그리거나 글로 적는다.

5. 전지 위에 스트레스를 표현한 종이컵들을 엎어 놓는다.

6. 스트레스를 풀 수 있는 방법을 탐색한다.

7. 스트레스를 줄이거나 없애기 위해 뿅망치로 스트레스를 표현한 종이컵들을 두드려 찌그러뜨려 보고, 잘 찌그러지지 않는다면 발로 밟은 후 뿅망치로 찌그러뜨린다.

8. 찌그러진 종이컵을 보고 어떤 기분이 드는지 이야기 나눈다.

9. 활동 후 느낀 점에 대해서 이야기 나눈다.

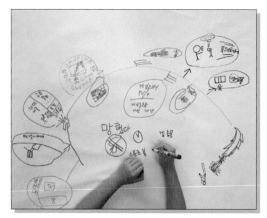

과정 1. 스트레스 상황 그리기

과정 2. 상처가 된 말 종이컵에 적기

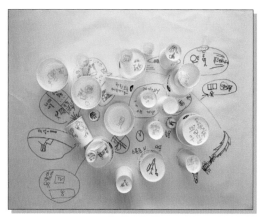

과정 3. 스트레스 상황 위에 상처 종이컵 올려놓기

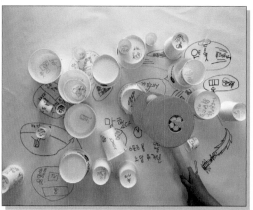

과정 4. 뽕망치로 상처 종이컵 찌그러뜨리기

▌Tip

1. 매체를 다르게 하여 우드락에 상처를 그리고 고무망치로 두드리거나, 스프레이를 사용하여 구멍을 뚫어 볼 수 있다.

2. 다양한 크기의 종이컵을 준비하여 종이컵의 크기에 대해 이야기 나눈 후 스트레스의 정도에 따라 종이컵을 고를 수 있도록 하면 아동이 느끼는 스트레스의 정도를 시각화시킬 수 있다.

3. 종이컵뿐 아니라 두드리면 찌그러질 수 있는 캔 또는 페트병 등의 다양한 매체를 준비하여 사용할 수도 있다.

바꾸기

▌준비물

다양한 모양의 펀치, 색종이, 손코팅지, A4용지, 사인펜

▌활동방법

1. 아동은 색종이에 화가 나거나 짜증이 나는 상황을 그림으로 그리거나 글로 적는다.

2. 화가 나거나 짜증이 나는 상황을 표현한 색종이를 모양 펀치로 찍어 조각들이 떨어져 나오게 한다.

3. 생각하면 기분이 좋아지는 것을 A4용지에 그림으로 그린다.

4. 생각하면 기분이 좋아지는 것을 그린 그림 위에 손코팅지를 올려놓고 손코팅지의 비닐을 벗긴다.

5. 손코팅지의 아래에 비치는 그림을 보고 다양한 모양으로 펀칭된 색종이를 붙여 생각하면 기분이 좋아지는 그림을 꾸민 후 손코팅지 비닐을 덮는다.

6. 화가 나거나 짜증이 나는 상황을 표현한 색종이가 예쁘게 꾸며진 것을 보고 느껴지는 점을 이야기 나눈다.

7. 활동 후 느낀 점에 대해서 이야기 나눈다.

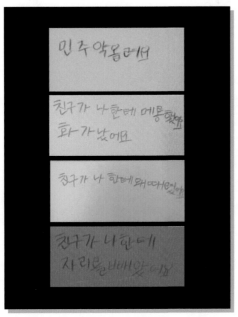

과정 1. 색종이에 표현

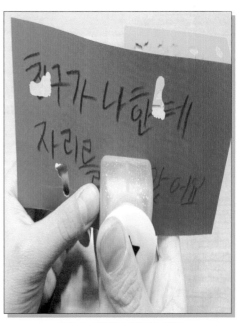

과정 2. 펀치로 색종이 찍기

과정 3. 펀칭된 종이 붙이기

과정 4. 완성 작품

퍼트리기

준비물

우드락, OHP필름, 종이, 물감, 붓, 접시(물감을 풀 수 있는 용도), 연필

활동방법

1. 유명한 위인의 이름의 뜻과 호에 대해 알아본다.

2. 아동은 자신의 이름에 대하여 누가 지어 주었는지, 이름의 뜻과 의미에 대해 알아
   본다.

3. 유명한 위인의 이름과 호처럼 자신의 이름에 호를 붙여 보거나, 주변 사람들이 자
   신에게 불러 주었으면 하는 별칭에 대해 생각한다.

4. OHP필름에 자신의 호 또는 별칭을 적고 뒤집는다.

5. OHP필름의 뒤집어 반전된 모양을 보고 연필에 힘을 주어 우드락을 파서 도장을
   만든다.

6. 우드락 도장에 마음에 드는 색의 물감을 묻혀 종이에 찍는다.

7. 우드락 도장을 만들어 찍어 본 느낌과 어디에 찍고 싶은지, 무엇을 할 때 찍어 보
   고 싶은지 탐색한다.

8. 활동 후 느낀 점에 대해서 이야기 나눈다.

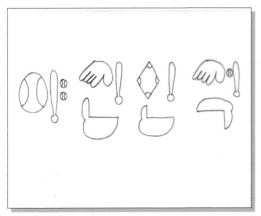

과정 1. OHP필름에 호나 별칭 적기

과정 2. 우드락에 호나 별칭 적어서 파기

과정 3. 우드락에 물감 묻히기

과정 4. 종이에 찍기

▌Tip

1. 작은 크기의 우드락을 이용할 경우 잉크패드를 사용하여 우드락을 찍을 수 있다. 또한 찍는 종이를 다르게 하여 라벨지 위에 우드락을 찍어 이름 스티커처럼 사용한다면 아동이 만든 것에 대한 성취감을 더욱 높일 수 있다.

2. 아동의 이름에 호를 붙이거나 별칭 대신 아동에게 힘이 되는 말을 우드락에 파서 아동이 필요할 때마다 사용할 수도 있다.

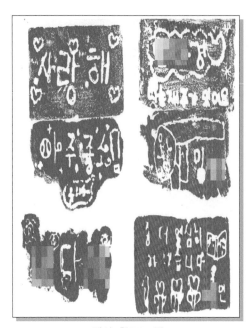

예시. 참고 그림

참고문헌

강주현(2012). 틱장애(Tic disorder) 청소년의 치유를 위한 미술치료프로그램 개발연구. 중앙대학교 교육
　　대학원 석사학위논문.

국립특수교육원(2009). 특수교육학 용어사전. 서울: 하우.

권석만(2014). 이상심리학의 기초: 이상행동과 정신장애의 이해. 서울: 학지사.

권준수, 김재진, 남궁기, 박원명, 신민섭, 유범희, 윤진상, 이상익, 이승환, 이영식, 이헌정, 임효덕, 강도
　　형, 최수희(2015). DSM-5 정신질환의 진단 및 통계 편람(제5판). APA. 서울: 학지사.

김동일, 이대식, 신종호(2009). 학습장애아동의 이해와 교육. 서울: 학지사.

미술치료학회(2012). 제111회 미술치료 연수회 외국인 초청 미술치료 워크숍 워크북. pp54-61.

서소희(2008). 시지각 향상 집단미술치료가 비언어적 학습장애 아동의 국어과 학습기능과 사회적 기술
　　에 미치는 효과. 영남대학교 미술치료학과 박사학위논문.

위영만(2009). 우리아이 틱장애. 경기: 제이앤씨커뮤니티.

이소현, 박은혜(2011). 특수아동교육. 서울: 학지사.

이순옥(2010). 학년에 따른 학령기 말더듬 아동과 기능적 조음장애 아동의 의사소통태도 변화. 이화여자
　　대학교 언어병리학협동과정.

임선우(2003). 워드프로세서를 이용한 자기교시 쓰기 훈련이 학습장애 아이 쓰기에 미치는 효과. 청주교
　　육대학교 교육대학원 석사학위논문.

장원경(2010). 마인드맵 기법을 활용한 다시말하기 전략이 읽기학습장애 중학생의 읽기 유창성과 읽기
　　이해력에 미치는 영향. 창원대학교 교육대학원 석사학위논문.

조수철(2005). 틱장애. 서울: 서울대학교 출판부.

조정원(2009). 틱 장애 아동을 위한 인지적 미술치료 연구. 경기대학교 미술디자인대학원 석사학위논문.

지현정(2012). 수채화매체 미술치료가 지역아동센터 청소년의 불안감소와 정서이완에 미치는 효과. 한
　　양대학교 이노베이션대학원 석사학위논문.

홍강의, 강경미, 고복자, 곽영숙, 김경희, 김붕년, 김승국, 김영신, 김은혜, 김종흔, 남민, 노경선, 박선자,
　　박혜영, 반건호, 송정은, 송동호, 신문자, 신민섭, 신의진, 신지용, 안동현, 엄예선, 연규월, 오경자,

이소희, 이영식, 이정섭, 임계원, 임숙빈, 임태식, 전성일, 정선주, 정유숙, 정철호, 조수철, 천근아, 홍강의, 홍성도(2005). 소아정신의학. 서울: 중앙문화사.

홍선주, 이명진, 진경애(2014). ADHD 학생의 뇌영상 진단 및 뇌기반 훈련 프로그램 개발. 서울: 한국교육과정평가원.

Aggrey, J. (2000). 날고 싶지 않은 독수리(김경연 역). 서울: 풀빛.

Chowdhury, U. (2009). 아이가 눈을 깜박거려요(김광웅, 이영나 역). 서울: 시그마북스.

Cimera, R. E. (2008). ADHD의 재능찾기(이영나, 우주영 역). 서울: 시그마프레스.

Marie Hall Ets. (1994). 나랑 같이 놀자(양은영 역). 서울: 시공주니어.

Mash, E. J., & Wolfe, D. A. (2001). 아동이상심리학(조현춘, 송영혜, 조현재 역). 서울: 시그마프레스.

Reid, R., & Johnson, J. (2014). ADHD 학생의 이해와 지도(송현종, 양승갑 역). 서울: 학지사.

Sylvie de Mathuisieulx, & Sebastien Diologent. (2004). 엄마를 화나게 하는 10가지 방법(이정주 역). 서울: 어린이작가정신.

William, N. B. (2011). 학습장애 특성, 판별 및 교수전략(권현수, 서선진, 최승수 역). 서울: 학지사.

MEMO

MEMO

MEMO

MEMO

저자 소개

최외선(Choi Oeseon)
영남대학교 명예 교수
수련감독미술치료전문가

김갑숙(Kim Gapsuk)
영남대학교 미술치료 전공 교수
수련감독미술치료전문가

서소희(Seo Sohee)
부산인지심리연구소 소장
미술치료사

류미련(Ryu Miryeon)
부산인지심리연구소 교사
미술치료사

강수현(Kang Suhyun)
부산인지심리연구소 교사
미술치료사

조효주(Cho Hyoju)
부산인지심리연구소 교사
임상미술심리상담사 2급

박금채(Park Geumchae)
부산인지심리연구소 교사
임상미술심리상담사 2급

장애영역별 특성에 맞춘
미술치료 열두 달 프로그램 IV
Art Therapy Twelve Months Program IV
−Focused on the Characteristics of Each Disability Area

2015년　9월 10일 1판 1쇄 발행
2021년 12월 10일 1판 3쇄 발행

지은이 • 최외선 · 김갑숙 · 서소희 · 류미련 · 강수현 · 조효주 · 박금채
펴낸이 • 김진환
펴낸곳 • (주) **학지사**

04031 서울시 마포구 양화로 15길 20 마인드월드빌딩
대표전화 • 02-330-5114　　팩스 • 02-324-2345
등록번호 • 제313-2006-000265호

홈페이지 • http://www.hakjisa.co.kr
페이스북 • https://www.facebook.com/hakjisabook

ISBN 978-89-997-0749-0　93180
정가 18,000원

출판 · 교육 · 미디어기업 **학지사**

간호보건의학출판 **학지사메디컬** www.hakjisamd.co.kr
심리검사연구소 **인싸이트** www.inpsyt.co.kr
학술논문서비스 **뉴논문** www.newnonmun.com
교육연수원 **카운피아** www.counpia.com